# 관상해석의 정석

## 觀相解釋의 定石

地平—編著／李成天—監修

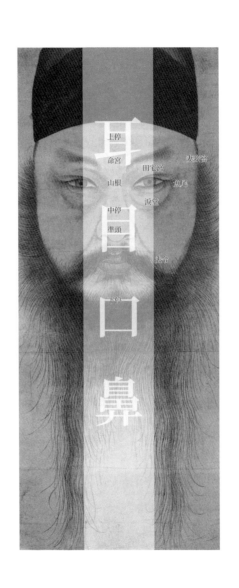

上停
命宮
山根
中停
準頭

耳目口鼻

天倉
魚尾
淚堂
法令
下停

운원북
BOOK

# 관상해석의 정석 觀相解釋의 定石

당신도 관상의 고수가 될 수 있다

초판발행 2019년 09월 01일
초판 2인쇄 2021년 01월 01일

지은이 지평地平
감　수 이 성 천
펴낸이 김 민 철

**펴낸곳** 도서출판 문원북
**주　소** 서울시 마포구 토정로 222 한국출판콘텐츠센터 422
**전　화** 02-2634-9846 / **팩 스** 02-2365-9846

ISBN 978-89-7461-447-8

**메　일** wellpine@hanmail.net
**카　페** cafe.daum.net/samjai
**블로그** blog.naver.com/gold7265

이 도서의 국립중앙도서관 출판사도서목록(CIP)은 서지정보유통지원 시스템 홈페이지
(http://seoji.nl.go.kr) 와 국가자료공동목록시스템(http://www.nl.go.kr/kolisnet)에서
이용하실 수 있습니다. (CIP제어번호: CIP2019029548)

觀相解釋의 定石

# 관상해석의 정석

地平─編著／李成天─監修

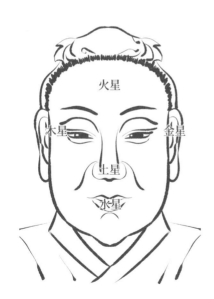

火星

木星　　金星

土星

水星

문원북BOOK

# 머 릿 말

당신 "관상" 참 좋다고 말할 때, 보통 얼굴의 생김새를 보고 평가한 이야기이다. 그러나 관상의 잘못 된 선입견에서 나온 말이다. 관상이란 얼굴의 골격, 색택 (色澤) 및 주요 부위를 중요하게 여겨지지만, 이것만을 대상으로 하지는 않는다. 이 밖에 주름살 사마귀 점 모발 및 상처의 흔적, 손발의 형상, 신체거동의 특징과 음성 등도 함께 따진다.

그래서 신체의 상은 얼굴, 뼈, 손, 눈썹, 코, 입, 귀, 가슴, 발의 생김새에 따라 면상(面相) 골상(骨相) 수상(手相) 미상(眉相) 비상(鼻相) 구상(口相) 이상(耳相) 흉상(胸相) 족상(足相)으로 나누어 진다. 그리고 동작에 있어서도 말씨, 걸음걸이, 앉은 모양, 누운 모양, 먹는 모양 등을 관찰하고, 기색(氣色), 심상(心相)을 까지 세심히 파악하여, 사주와 함께 그 사람의 특징을 종합적으로 판단하여 운명을 예언하였다.

오늘날 관상학의 기원을 살펴보면, 노나라의 숙복(叔服)이 재상 공손교(公孫敎)의 두 아들의 상을 보았다고 하며, 그 것이 관상법의 기원으로 여겨진다. 그후 남북조시대에는 달마(達磨)가 인도에서 중국에 들어와 선종을 일으킨 동시에, 달마상법 達磨相法을 써서 후세에 전하였고, 송나라 초 화산(華山)의 마의도사(麻衣道士)가 구전이나 비전(祕傳)으로 내려오던 여러 계통의 상법을 종합하여 마의상법(麻衣相法)을 만들었다고 한다.

이와 같이 관상은 오랫동안 임상실험을 거쳐 내려오면서 구체화되었고, 여러 분야에 거쳐 적용 되었다. 얼굴을 성형할 때 재복이 많은 ○○화장님의 코를 닮게 주문하거나, 대기업 총수, 정치인 사모님이 된 ○○연애인의 이마를 주문하는 것이, 성형업계에서는 당연하다고 받아 들려지고 있다. 요즘 남자 직장인들에게 유행하는 눈썹 문신 또한 마찬가지다. 오랫동안 직장생활을 하고 싶은 마음에 눈썹을 눈보다 길게 하여 관운을 좋게 하려고 한다.

아무튼 바쁘고, 복잡한 현대를 살아가면서 어찌 몸만 아프겠는가, 몸에 병이 났을 때만 병원에 가는 것이 아니다. 마음의 상처를 입고 방황 할 때 관상을 좋게 하여 위로가 된다면 적극 추천하고 싶다. 그리고 본 도서 "관상의 해석의 정석" 은 여러 문헌과 이론을 참고하여 내용의 일부를 인용 또는 차용하였고, 이해를 돕기 위한 관상의 얼굴 및 이, 목, 구, 비 외 일러스트는 중국 요령대학 이성천 교수님의 감수를 통해 새로이 작업하여 완성하였다. 아무쪼록 한 권의 책이 당신의 몸과 마음의 위로가 되었으면 한다.

己亥年 辛未月 地平

# 목 차

머리말 ···································································· 006

● 1장 관상이란 ····················································· 012

  1. 관상이란 ······················································· 014

  2. 관상기원 ······················································· 020
    1)마의상법
    2)유장상법

  3. 심상을 보는 법 ·············································· 022

  4. 골상을 보는 법 ·············································· 026

  5. 음성으로 보는 법 ············································ 028

  6. 신체부위로 보는 법 23가지 ······························ 029

  7. 얼굴의 주요부위로 보는 법 7가지 ······················ 053

  8. 기색으로 보는 법 ············································ 060

  9. 행동거지로 보는 법 6가지 ································ 061
    1)걸음 걸이
    2)앉은 자세
    3)누운 자세
    4)먹는 모습
    5)말하는 모습
    6)웃는 모습

● 2장 얼굴 주요 명칭과 위치 ································ 066

  1. 삼정, 육부, 삼재의 위치와 의미 ······················· 068
    1)상정, 중정, 하정
    2)육부
    3)삼재

  2. 오악, 사독 위치와 의미 ································· 070
    1)오악
    2)사독

  3. 오성, 육요 위치와 의미 ································· 073
    1)오성

    2)육요

  4. 십삼부위의 위치와 의미 ················· 075
    1)13개 명칭 의미

  5. 십이학당 위치와 의미 ················· 078
    1)사학당
    2)팔학당

  6. 십이궁 위치와 의미 ················· 080
    1)명궁
    2)재백궁
    3)관록궁
    4)복덕궁
    5)부모궁
    6)형제궁
    7)처첩궁
    8)남녀궁
    9)노복궁
    10)질액궁
    11)천이궁
    12)전택궁

  7. 유년운기 위치와 의미 ················· 106
    1)100개 명칭과 의미

● 3장 이목구비로 본 관상 ················· 110

  1.귀 ················· 112
    1)기본 형태와 명칭
    2)귀의 종류와 운명
    3) 귀의 종류와 성격
    4) 귀의 길, 흉

  2.눈 ················· 120
    1)기본형태와 명칭
    2)눈의 종류와 운명
    3)눈의 길, 흉
    4)눈썹의 구조와 의미
    5)눈썹의 종류와 운명

3. 입 ································································· 141

　1)입의 기본형태와 명칭
　2)입의 종류와 운명
　3)입의 길, 흉

4. 코 ································································· 149

　1)코의 기본형태와 명칭
　2)코의 종류와 운명
　3)코의 길, 흉

● 4장 운명을 지배하는 얼굴의 길흉 ·············· 156

1. 인중 ······················································· 158

　1)인중의 종류와 길흉

2. 이마 ······················································· 163

　1)이마의 종류와 길흉

3. 이마의 주름 종류와 길 흉 ···················· 170

4. 17가지 주름의 종류와 길흉 ·················· 177

　1)17가지 관상
　2)종류와 길흉

5. 얼굴에 난 점의 위치와 길흉 ················ 182

　1)남자 얼굴에 난 점의 위치와 의미
　2)여자 얼굴에 난 점의 위치와 의미

6. 법령 ······················································· 186

7. 관골(서악) ·············································· 189

8. 턱 ·························································· 193

● 5장 기색으로 본 길흉 ····························· 189

1. 기색이란 ················································· 200

　1)청색
　2)황색
　3)흑색
　4)자색

5)홍색
6)적색
7)백색
8)체색
9)암색
10)활염색
11) 광부색

● 6장 신체 부위로 본 길흉 및 남녀 귀천상 ┄┄ 212

1. 신체부위로 본 길 ┄┄┄┄┄┄┄┄┄┄┄┄┄ **214**
1)목
2)가슴
3)등
4)배, 배꼽
5)엉덩이
6)팔, 다리
7)발바닥

2. 남녀 귀천상 ┄┄┄┄┄┄┄┄┄┄┄┄┄┄┄┄┄ **224**
1)남자 상급 18가지 귀한상
2)남자 중급 18가지 귀한상
3)남자 하급 18가지 귀한상
4)남자 고독상 51가지
5)남자 10가지 상극 상
6)부인에게 상해, 형벌을 입히는 12가지 상
7)여자 72가지 천한 상
8)여자 형벌, 상해를 입히는 36가지 상
9)여자 고독한 상 24가지
10)여자 어진상 7가지
11)여자 요절 또는 장수하는 상

**참고문헌**

# 1장

# 관상이란

–

1. 관상이란

2. 관상기원

3. 심상을 보는 법

4. 골상을 보는 법

5. 음성으로 보는 법

6. 신체 부위로 보는 법

7. 얼굴의 주요부위로 보는 법

8. 기색으로 보는 법

9. 행동거지로 보는 법

# 1장 ◇ 관상이란

## 1. 관상이란

관상은 사람의 이목구비와 골격, 자세, 기색, 음성, 체취 등 외양을 바탕으로, 성격, 수명, 건강 등의 타고난 본성과 미래의 운명까지 예측하는 학문을 말한다.

흔히 관상학은 동양에서 시작된 것으로 생각하기 마련이지만, 서양에서도 기원전 2000여 년경 메소포타미아 문명에서 그 기록을 찾아볼 수 있다. 이 시대의 유적에서 발굴된 서판(書板)에는 '어깨에 곱슬곱슬한 털이 난 남자에게는 여자들이 따를 것이다' 라는 기록이 나타나는데, 이것이 일종의 관상학 핸드북의 일부분으로 밝혀졌다. 주로 예언적 또는 점복의 성격을 지녔던 관상학이, 그리스-로마 시대에는 사람의 성격을 파악하고 인간형을 구분하는 관념으로 인식되었다. 이후 중세에는 가톨릭 신학을 강화하는 수단으로 받아들여지기도 하였으나, 한편으로는 종교 권력 강화를 위해 마술과 같은 부류로 취급되어 탄압을 받기도 하였다. 르네상스 시대를 거쳐 18세기 말, 의사이자 관상학자인 라바터(Johann casper Lavater, 1741-1802)는 자신의 저작인 <관상학에 대하여(Von der Physiognomik)>에서, 관상학을 '법칙화' 할 수 있다고 주장하였다.

또한 그는 관상에 대한 분류체계를 만들고 얼굴과 심성의 관계에 대한 가설을 세워 관상을 보는 정교한 기준을 제시하려 하였다. 과학적 관상학을 추구하였던 그의 이론은 19세기 중엽 정신의학자이자 법의학자였던 롬브로소(Cesare Lombroso, 1835-1909)가 범죄자의 유형을 분류하고 이를 통해 범죄자를 알아보는 시스템을 고안하는 데 큰 영향을 미치기도 하였다.

동양 관상학의 기원은 확실하지 않으나, 문헌상 기록으로 볼 때, 역사시대 이전부터 인재 등용 등에 관상법을 활용하였다는 내용을 찾아볼 수 있다. <예기(禮記)>의 주석서인 <대대예기(代戴禮記)>에는 공자가 노나라의 애공(哀公)과 관민(官民)의 도를 논하면서, 옛 임금들이 인재를 선발함에 있어 그 사람의 상(相)을 기준으로 발탁했다고 설명하는 다음의 기록이 있다.

> 옛날 요임금은 용모로써 사람을 취하였고, 순임금은 색으로써 사람을 취하였고, 우임금은 말하는 것으로써 사람을 취하였고, 탕임금은 목소리로써 사람을 취하였고, 문왕은 도량으로써 사람을 취하였다. 이 사대의 다섯 왕이 사람을 취함에 있어, 그것으로써 천하를 이처럼 다스렸다.

이를 통해 상고 시대부터 인재 등용 시, 선발의 주요 기준의 하나로 관상을 참조하였으며, 제왕학의 하나로 활용하였음을 알 수 있다.

춘추 전국 시대에서도 군왕이 사람의 상을 통해 인재를 선발하거나 왕가의 길흉 등을 판단하였으며, 귀족 계층에서도 관상을 통해 사람의 운명에 나타나는 길흉을 예측하였다. 이러한 내용은 <춘추좌씨전(春秋左氏傳)>의 기록에서도 찾을 수 있다. 이에 의하면 초나라 사마자량(司馬子良)이 아들 월초(越椒)를 낳자, 자량의 형인 자문(子文)이 그 아이를 보고 다음과 같이 말하였다고 한다.

> "반드시 아이를 죽여야 한다. 이 아이는 곰과 호랑이 용모에 이리와 승냥이의 목소리를 지니고 있으니, 죽이지 않으면 반드시 약오씨 집안이 멸망할 것이다. 속담에 이르기를, '이리 새끼는 야생의 본성을 지니고 있다'고 했는데 이 아이는 이리와 같으니 어찌 키울 수 있겠는가?

오늘날 동아시아 일대에서 두루 활용되는 동양 관상학의 원조로는 흔히 중국 춘추전국시대의 숙복(叔服)을 칭한다. 그는 동주의 인물로 관상학 뿐만 아니라 천문학에도 능통했다고 알려졌다. <춘추좌씨전(春秋左氏傳)>에는 숙복이 주(周)왕의 명에 의해 노(魯)나라 문공의 아버지 희공(僖公)의 장례에 사자로 참석했을 때, 노나라 대부(大夫) 공손오의 두 아들의 상을 본 기록이 있다.

공손오가 숙복이 상인술에 능하다는 말을 듣고 그의 두 아들을 그에게 보였다. 숙복이 말하길 "곡(穀)은 당신을 먹일 것이고, 난(難)은 당신을 거둘 것입니다. 곡은 아래가 풍성하니, 반드시 노나라에서 후손이 있을 것입니다.

이 시대에 관상학이 널리 활용되었다는 것은, 눈을 통해 사람의 선악을 분별했다는 <맹자>의 다음과 같은 기록을 통해서도 확인할 수 있다.

사람에게 있는 것 중에 눈동자보다 좋은 것은 없다. 눈동자는 악을 숨기지 못하기 때문이다. 마음이 바르면 눈동자가 밝고, 마음이 바르지 않으면 눈동자도 흐리다. 그 말을 들어보고 눈동자를 관찰한다면, 어찌 사람이 자신을 감출 수 있겠는가?

숙복 이후 춘추전국시대에 관상에 밝았던 인물은 고포자(始布子)과 초나라 사람 당거(唐擧)가 있다. <순자>에는 이들에 대한 다음의 기록이 있다.

옛사람으로 고포자경(卿)이 있었고, 지금은 양나라 당거(唐擧)가 있어, 사람의 형상과 안색을 살펴 그 사람의 길흉화복을 알았으므로 세상 사람들이 이를 칭찬했다.

고포자가 상류 귀족 계급이었음을 생각해 볼 때, 당시 관상학이 귀족에서부터 일반 지식인에까지 널리 퍼져 있었음을 알 수 있다. 또한 이 시기의 관상학은 골상과 면상 위주의 상법에서 기색까지 살피는 상법으로까지 확장되었음을 알 수 있다.

유방에 의해 세워진 한(漢)나라에서는 관상학이 더욱 널리 보급되었는데, <사기(史記)>에서는 한 고조의 장인이었던 여공(呂公)이 당시 사수(泗水) 지역의 말단

관리에 불과했던 유방(劉邦)의 상을 보고 사위로 삼았다는 기록이 나타난다.

여공이 말하길, "저는 젊어서부터 사람의 상을 보는 것을 좋아하여 사람의 상을 많이 보았는데 당신과 같은 관상을 본 적이 없습니다. 바라건대 자신을 소중히 여기십시오. 저에게 여식이 있는데 아내로 삼아주십시오" 라고 하였다…(중략)…여공의 딸이 바로 여후(呂后)이다.

이 시대의 관상가로는 한(漢) 문제(文帝) 때 승상이었던 허부(許負)를 들 수 있다. <사기>에 의하면, 당시 승상이었던 주아부(周亞夫)가 하내(河內) 지방의 관리로 있을 때, 허부는 그의 상을 보고 "법령이 입으로 들어가니, 이는 굶어 죽는 법이다." 라고 하였다. 그리고 이후에 그가 옥사(獄死)로 인해 닷새 동안 먹지 않아 피를 토하고 죽었다는 기록이 전해진다. 또한 <한서>에는 전한의 황제 권력을 찬탈하였던 왕망(王莽)의 상에 대해 허부가 "올빼미 눈과 호랑이 입, 승냥이와 이리의 목소리를 지녀 사람을 해칠 수 있으며, 또한 다른 사람에게 해침을 당할 수 있다" 라고 말했다는 기록이 전해진다.

위·촉·오(魏·蜀·吳)의 삼국시대에 관상학은 상류층과 일반 백성에까지 널리 활용되었다. 이 시대에 이름을 알렸던 관상가로는 위나라의 관로(管輅)와 주건평(朱建平) 등이 있다. 삼국시대 이후 통일 진(晉)과 5호 16국(五胡十六國)의 혼란의 시기를 거친 중국은, 남조의 동진(東晉)과 북조의 북위(北魏)로 통폐합된다. 당시에는 불교가 성행하고, 도교 종파가 북위의 국교로 기능하는 등, 다양한 사상과 학문이 성행하고 문화적 교류가 빈번했다. 이러한 사회문화적 분위기 속에서 관상학은 더욱 널리 보급되었으며, 인도에서 건너와 중국 선종(禪宗)의 초대 조사가 된 달마대사의 '달마상법'이 만들어지기도 하였다. 이 시대의 특이한 관상가로는 동위(東魏)의 맹인 오사(吳士)를 들 수 있다. <북제서(北齊書)>에 따르면 오사는 후일 북제의 황제가 된 고양(高洋)의 음성을 듣고 "마땅히 백

성의 주인이 됩니다." 라고 하였다. 또한 <진서(晉書)>에서 관상가 사규(師圭)
는 "그대는 왼쪽 손 중지에 수리(세로로 뻗은 주름)가 있어, 마땅히 공후가 된
다. 만약 위로 관통하면, 귀하기가 말할 수 없다." 라고 하여 수상(手相)을 통해
인물의 귀천을 예측하였다고 한다.

강력한 전제 정치를 기반으로 외국과의 활발한 교류를 통해 다양한 분야에서
발전이 이루어졌던 당대(唐代)에는 많은 관상가가 출현하였다. 이 시기의 관상
가로는 장경장(張憬藏), 원천강(袁天綱), 장사막(張思邈) 등을 들 수 있다. 이
들 가운데 원천강은 어린 시절 남장을 하였던 중국 최초의 여황제 측천무후(則
天武后)의 상을 보고 "반드시 여자라면 실로 살펴 헤아릴 수가 없으니, 후일 마
땅히 천하의 주인이 될 것이다" 라고 하였다.

중국 송대(宋代)에는 북송오자(北宋五子)와 주희(朱熹)에 의해 유학이 우주론
과 체계적으로 접목되면서 음양오행설과 도가학이 함께 발달하였고, 그러면서
관상학도 더욱 발전하고 보급되었다. 이 시기에 오늘날 관상서의 고전으로 알
려진 <마의상법(麻衣相法)>이 쓰여졌다. 이 책은 당시 화산 석실에서 수도하였
던 마의선사(麻衣禪師)에게 진단(陳搏)이 사사(師事)한 후 기록으로 남겨졌다
고 한다.

이후 중국 최초의 통일 국가를 이룩한 원(元)나라 시기의 관상가로는 세조 쿠
빌라이 칸의 고문으로서 원나라 제도 개혁에 공헌한 유병충(劉秉忠)을 들 수
있으며, 강력한 중앙집권제를 중심으로 농업과 수공업, 문화 예술 등이 발달
한 명(明)나라 시기에는 관상학도 큰 발전을 이루게 되는데, <유장상법(柳莊相
法)>이 관상가 원충철(袁忠徹)에 의해 쓰여졌다. 또한 청나라의 관상가로는 서
가(徐珂)의 <청패유초(淸稗類鈔)>에 기록된 범래(范騋)를 들 수 있는데, 그는
흙으로 빚은 조각상으로도 상을 파악하였다고 한다.

해령의 범래는 자가 문원으로 상술에 뛰어났다...(중략)...어떤 이가 흙으로 태세(太歲) 상을 빚어 사당을 세웠다. 범래가 태세상의 예법에 맞는 몸가짐이 족한 것을 보고 높임을 받게 될 것이라고 했는데 머지않아 큰 사찰이 되었다.

그 밖에 청대의 관상가로는 음성으로 사람의 운명을 정확히 맞췄다는 맹인 관상가 사(史)씨와 건륭(乾隆)년간의 양백계(楊栢溪) 등이 알려져 있다.

이렇듯 관상학은 동서양을 막론하고 고대부터 귀족과 지식인들의 관심을 받아왔다. 국가의 중대사를 결정하거나 인물을 등용할 때뿐만 아니라, 자신과 타인의 운명이나 성격, 능력, 건강, 수명 등을 파악할 때 유용한 술수로써 사용되었다. 또한 골상, 면상 등 외형뿐만 아니라, 음성과 기색 등으로 시간이 지남에 따라 상법의 영역이 확장되면서 다양한 특징들을 통해 운명과 기운을 분별하였음을 알 수 있다.

*2013년도 석사학위논문 마의관상, 유장상법의 기색비교연구 발췌 – 박기영

## 2. 관상기원

### 1)마의상법

송초(宋初)에 만들어진 것으로 알려진 <마의상법(麻衣相法)>은 늘 마의를 입고 동굴에서 수도 생활을 했다는 마의선사로부터 구전으로 상법을 전수받은 진단(陳搏)이 그 내용을 기록하여 후세에 남긴 상서이다. 마의선사에게 직접 전수받은 상술의 내용은 <마의선생석실신이부(麻衣先生石室神異賦)>, <금쇄부(金鎖賦)>, <은시가(銀匙歌)>로 알려졌다. 나머지 부분은 후대에 더하여진 내용으로 전해진다. 진단은 5대 10국에서 송(宋)초까지 살았던 인물로 자는 도남(圖南)이다. 그는 이 책을 저작함으로써 많은 후학과 일반 대중에게 관상학에 더욱 쉽게 접근할 수 있도록 하였다. 그는 어렸을 때부터 시(詩), 서(書), 역(易), 방술(方術) 등 다방면에 관심과 조예가 있었다.

그는 과거 시험을 보고자 하였으나, 낙방하여 산수를 낙으로 삼았다고 한다. 또한, 송 태종이 그를 불러 벼슬을 내리려고 하였으나 나아가지 않아, 희이(希夷)라는 호를 하사했다는 기록이 송사에 전하고 있다.

<마의상법>은 총 5권으로 구성되어 있다. 제1권은 총론으로 관일팔법(觀人八法), 13부위총도가(十三部位總圖歌), 12궁(十二宮), 오악사독(五嶽四瀆), 인면총론(人面總論), 오행론(五行論), 논형(論形), 신(神), 기(氣), 성(聲) 등으로 이루어져 있다. 제2권은 각론으로 신체를 이루고 있는 뼈, 살, 머리, 이마, 얼굴, 눈, 코, 입 등과 사지(四肢)의 상에 대해 세부적으로 기술하고 있다. 제3권은 팔다리와 수족 등에 관한 내용을 담고 있다. 제4권은 달마대사의 이름을 빌려 후대에 편입한 것으로 추측되는 달마조사의 상결비전(相訣秘傳)이 실려 있는데, 부(賦), 가(歌)의 문체 형식으로 관상학의 주요 내용을 요약정리하고 있다. 또한 기색에 관한 내용으로 기색의 길, 흉에 대해서도 서술하고 있다.

## 2) 유장상법

<유장상법>은 명(明)대의 관리였던 원충철이 저술한 관상책이다. 원충철의 자는 정사(靜思)이다. 그는 아버지 원공으로부터 상법을 배워 상술에 능통하였다. 때문에 그는 그 자신의 이름으로 상서를 저작하였지만, 그 내용은 아버지 원공의 상술을 기술 및 보완한 것으로 볼 수 있다.

<유장상법>은 <마의상법>과 마찬가지로 첫 부분에 상술에 관한 그림으로 구성되어 있다. 여기에는 13부위총요도(十三部位總要圖), 유년운기부위도(流年運氣部位圖), 12궁도(十二宮圖) 등의 그림이 포함되어 있다. 구성은 상,중,하권 총 3권으로 이루어져 있는데, 상권(上卷)은 총론으로 영아통론(嬰兒通論), 12궁, 부귀빈천, 수요득실(壽夭得失) 등 상을 보는 대상과 부위별로 운세에 따른 내용을 정리하였다. 특히 상권에서는 남녀의 상에 대해 세부적으로 기술하고 있다. 이어 중권(中卷)에서는 영락제(永樂帝, 명왕조의 제 3대 황제)와의 문답 형식 등을 빌어 사례에 따른 상술 등을 기술하고 있다. 하권(下卷)에서는 기색에 대한 내용으로, 사계와 오행에 따른 기색의 운용과 기색의 일반적인 내용을 전하고 있다. 또한, 기색으로 분별하는 길흉, 화복, 건강, 빈부 등을 구체적으로 기술하고, 끝에는 상서를 요약하는 비결로 마무리하고 있다.

## 3. 심상을 보는 법

공자는 "만상이 불여심상(萬相不如心相)이라." 했고, 석가(釋迦)는 "일체가 유심조(一切有心造)라."했다. 또 예수는 "원수를 사랑하라." 했으니 이들 성인의 말은 표현 방식만 다를 뿐 결론은 하나, 즉 모든 것은 마음먹기에 달려있다는 것이다.

마의선생(麻依先生)은 "심재형선(心在形先)하고, 형재심후(形在心後)니 미관형모(未觀形貌)하고 선상심전(先相心田)하라." 했다. 즉, 상은 형상이 있으나 마음은 형상이 없다. 그러나 유형의 상은 무형의 마음에 의해 지배되어 변화한다. 예를 들어 부끄러운 일이 생기면 얼굴이 붉어지고, 기쁜 일이 생기면 얼굴이 환해지며, 성이 날 때 얼굴이 잔뜩 찌푸려지는 것은 모두 무형의 마음이 유형의 상으로 표현된 것에 불과하다.

얼굴은 짐승 같아도 마음이 인자한 이가 있는 반면 인면수심(人面獸心)의 철면피도 적지 않다. 그러므로 친구를 사귀려면 눈을 먼저 살펴야 한다. 사람의 마음을 가장 빠르고 정확하게 표현하는 것이 눈이기 때문이다. 눈이 불량하고 툭 불거진 사람은 마음이 선량하지 못하다.

스스로 단점을 파악하여 작은 허물이라도 고치는 것은 덕의 근본이 되고, 박명(薄明)하더라도 양생(養生)을 잘하면 장수할 수 있다. 부귀빈천(富貴貧賤)을 정하는 요소는 상에 의하지만 그 상을 형성하는 것은 마음이다. 그러므로 그 마음이 선량하면 빈천할 상이라도 부귀할 수 있고, 그 마음이 불량하면 부귀할 상이라도 도리어 빈천할 수 있다. 사람의 마음은 형상의 근원이니, 그 마음을 살피면 선악을 알 수 있다. 특히 사람의 행동은 마음의 표현이므로 그의 화복(禍福)을 가히 알 수 있다.

- 비리로 재산을 모은 자는 그 재산이 오래가지 못한다.
- 말을 이랬다저랬다 바꾸며 책임을 회피하는 자는 신용을 잃어
  성공하기 어렵다.
- 크게 해도 좋은 말을 귀에 대고 속삭이는 자는 음흉하다.
- 간담(肝膽)을 해치고 실정을 말하는 자는 영걸(英傑)하다.
- 고집이 세고 자기주장만 내세우는 자는 큰 재앙과 망신을 당할 것이다.
- 성질이 불꽃 같고 참을성이 없는 자는 수명이 줄고 손재할 사람이다.
- 부자에게는 친절하지만 가난한 사람을 무시하는 자에게는
  큰일을 맡길 수 없다.
- 권력에 아부하고 아랫사람을 얕보는 자는 권세를
  오랫동안 누릴 수 없다.
- 거칠고 사나운 자를 누르고 약한 자를 돕고 늙은이를 공경하고
  어린이를 사랑하는 자는 복록을 길게 누릴 수 있다.
- 입이 경솔하여 쓸데없는 말을 함부로 하는 자는 큰 재앙을 당한다.
- 은혜는 잊고 사소한 원한에만 집착하는 자는 도량이 적어서
  발전하지 못한다.
- 쥐꼬리만 한 권세와 재산을 가지고 남용하는 자는 장래에 패가망신한다.
- '대의를 위해서는 죽음까지 불사한다.'는 말을 자주 하는 자는
  정작 큰일을 당해서는 회피한다.
- 겉으로는 친한 척하나 궁할 때 찾아가면 냉대하는 자는
  좋은 친구라 할 수 없다.
- 겉으로는 청백한 척하나 명예와 이권을 낚는 자는 소인에 불과하다.
- 큰일을 처리하되 그 수고를 사양하는 자는 대인의 기상이 있다.
- 사소한 일을 당하여 책임을 회피하는 자에게는
  심복의 일을 부탁할 수 없다.

- 사람이 사지(死地)에 빠진 것을 가만히 생지(生地)로 인도하는 것은
  음덕이니, 당대에 눈에 보이는 은덕은 없다 할지라도
  그의 자손에게는 반드시 복이 있을 것이다.
- 과음은 실수의 근본이다.
- 탐색은 망신의 근본이다.
- 남을 물속에 끌어넣으려면 자신도 물속으로 들어가야 하듯
  남을 중상모략하여 해를 입히는 자는 결국 자신이 당하고 만다.
- 환란(患亂) 중에라도 중심이 튼튼하여
  흔들리지 않는 자는 대성한다.
- 소년이면서 노인의 행동을 하는 자는 20세 전에 죽기 쉽고,
  노인이면서 소년의 행동을 하는 자는 오래 산다.
- 재주가 있으나 가르쳐 주기를 꺼리는 자는 큰 공을 이루기 어렵다.
- 만족을 아는 자는 가난해도 부자보다 낫고, 만족을 모르는 자는
  부자라 해도 가난한 것과 같다.
- 장담만 하는 사람은 백 가지에 한 가지도 이룸이 없고,
  말없이 실천하는 자는 마침내 성공한다.
- 베풀기를 좋아하고 궁한 자를 도와주는 자는
  비록 어려운 일을 당해도 구원받을 수 있다.
- 성질이 지나치게 강한 사람은 일을 꾀하기는 쉬우나 큰 재앙을 면할 수 없다.
- 성질이 지나치게 유한 사람은 일을 이루기는 어려우나
  큰 실수는 없다.
- 곤란을 당해서도 태연자약한 자는 초년에는 곤궁하더라도
  말년에는 크게 발전할 사람이다.
- 즐거울 때 얼굴이 처량한 자는 마침내 가난하고,
  화낼 때 도리어 웃는 자는 음험하다.

- 자신의 장점을 자랑하는 자는 국(局)이 작아 크게 성공하기 어렵고,
  남의 단점을 드러내는 자는 박덕(薄德)하여 생명이 위험하다.
- 모양이 청수하고 약간 거만한 자는 음험하여 사귀기 어렵다고 말라.
  그 가운데 크게 귀히 될 자가 많다.
- 부드럽고 약하여 팔통(八桶)하지 못하니 무능하다고 비웃지 말라.
  때를 만나면 비상한 공력이 있을 수 있느니 보통 사람으로서 측량하기 어렵다.
- 남의 잘못은 나무라면서 자신의 잘못을 깨닫지 못하는 자는
  크게 성공하기 어렵다.
- 공은 남에게 돌리고 잘못은 자신에게 돌리는 자는
  가히 환란을 면할 수 있다.
- 부모에게 효도하고 형제간에 우애를 돈독히 하는 자는 재산이 늘어난다.
- 나라와 운명을 같이하는 자는 이름이 후세까지 전한다.
- 참기를 오래 하고 잘못을 용서할 줄 아는 자는
  도량이 넓어 크게 성공한다.
- 큰 소리를 자주 하고 얼굴색이 자주 변하는 자는
  박복한 사람의 습관이다.
- 웃고 꾸짖을 때 시비를 살피지 못하는 자는 친한 벗과 의절한다.
- 희로애락을 얼굴 표정으로 나타내지 않는 자는 반드시 성공한다.
- 희노(喜怒)의 경중을 가리지 못하는 자는
  백사불성(百事不成)한다.
- 일 없이 항상 바쁜 사람은 복이 번개처럼 가고,
  어려운 일을 당해도 태연한자는 복이 무궁하다.

## 4. 골상을 보는 법

· 야윈 사람이 뼈가 불거진 것은 좋지 않다. 고독할 상이다.

· 살진 사람이 살이 탄력이 없고 축 처진 것은 좋지 않다. 단명할 상이다.

· 앞가슴이 넓지 않고 등이 좁고 두 어깨가 축 늘어졌거나 올라붙어서 마치
  병든 닭처럼 생긴 사람을 골한(骨寒)이라 하여 가난하지 않으면 요사(夭死)
  한다. 또는 가난하게 오래 산다.

· 왼쪽 눈 위의 골을 일각이라 하고 오른쪽 눈 위의 골을 월각이라 하여 이
  골이 높이 솟고 둥근 사람은 대사(大使)나 공사(公使)의 직에 오를 수 있다.

· 일각의 왼쪽과 월각의 오른쪽이 반듯한 골을 금성골(金城骨)이라 한다.
  이 골이 일어난 사람은 지위가 장관에 이를 상이다.

· 일각 아래를 용각(龍角)이라 하고 월각 아래를 호각(虎角)이라 하며, 액골
  (額骨)을 거오골(巨汚骨)이라 하며 용각, 호각, 거오골이 높이 솟아서
  머리까지 뻗은 사람은 일찍 죽고, 뼈가 툭 불거진 사람은 고독하고 무력하다.

· 인당골(印堂骨)이 천장까지 뻗은 것을 천주골(天柱骨)이라 하고, 천장 이상
  발제(髮際)까지 뻗은 것을 복서골(伏犀骨)이라 하여 지위가 최고 일품까지
  오를 상이라 본다. 그러나 이와 같이 기골이 있어도 얼굴이 청수하지 못하면
  부귀하더라도 오래가지 못한다.

· 골격이 청수하고 기색이 명윤한 사람은 평생 부귀를 누린다.

· 얼굴 좌우의 광대뼈를 관골(顴骨)이라 하여 이 골이 높이 솟고 살비듬이
  좋은 사람은 권세가 높을 상이다.

· 여자가 관골이 높으면 과부가 될 상이다. 관골이 계란 모양으로 생긴 여자는
  자식이 없을 상이다. 이런 여자는 재취(再娶)로 시집가야 액을 면한다.

· 관골에서 귀까지 뻗은 골을 옥양골(玉梁骨)이라 하여 이 골이 높고 둥근
  사람은 장수한다.

· 귀 뒤의 뼈를 수골(壽骨)이라 하여 이 골이 높은 사람은 장수한다.

- 어깨에서 팔꿈치까지의 골을 용골(龍骨)이라 하고, 팔꿈치에서 손목까지를 호골(虎骨)이라하는데, 용골은 인군(人君)을 상징하므로 길고 커야 하고, 호골은 신하를 상징하므로 짧고 작아야 한다.
  이와 반대가 되면 신하가 인군을 이기는 격이 되므로 좋지 않다.
- 골은 둥글고 단순하고 무거워야 좋다. 모지고 부드럽고 가벼운 것은 좋지 않다.
- 관골에서 살적까지 뻗친 골을 역마골(驛馬骨)이라 하여 이 골이 높고 둥글며 살결이 좋은 사람은 일선 지방의 장이 될 상이다.
  이런 사람은 말 타는데 특별히 소질이 있다. 이곳의 빛이 검고 어두우면 말에서 떨어지는 액이 있다.
- 귀 위의 골을 장군골(將軍骨)이라 하여 이 골이 높고 둥근 사람은 무관으로 출세한다.
- 뼈가 연약한 사람은 오래 살더라도 행복하지 못하다.
- 뼈가 옆으로 뻗은 사람은 성질이 흉악하고, 뼈가 가벼운 사람은 가난하고 천하다(체구는 큰데 중량이 적은 사람은 골경(骨輕)이라 한다).
- 골격이 병든 닭 모양으로 추레한 사람은 궁상이라 평생 고생할 것이요, 뼈가 불거진 사람은 육친(肉親)의 덕이 없다.
- 금골인(金骨人)은 근골질(筋骨質)이니 성질이 강한 사람이 많다.
- 목골인(木骨人)은 심성질(心性質)이니 성질이 유약하다.
- 수골인(水骨人)은 영양질(營養質)이니 성질이 쾌활하다.
- 화골인(火骨人)은 유자형(由字形)이니 성질이 급하다.
- 토골인(土骨人)은 동자형(同字形)이니 성질이 강유(强柔)를 겸했다.
- 뼈가 살보다 많은 이는 적극적이요, 살이 뼈보다 많은 이는 소극적이다.
  뼈는 양(陽)이요, 살은 음(陰)이다.

## 5. 음성으로 보는 법

유장상법에서는 음성에 대해서 다음과 같이 말하고 있다. 음성은 천둥과 우뢰에 합당하며, 귀인의 목소리는 길고 맑으며, 우렁차고 부드러우며 여운을 남긴다. 목소리가 처음에는 크고 나중에는 점점 작아지면 부귀한 상이다. 또한 목(木)의 소리는 높고 길어야 하고, 금(金)의 소리는 맑고 윤택해야 한다. 오행(五行) 중에서 이 2개 목소리가 가장 좋으며, 그 밖의 소리는 모두 부족하다. 목소리가 단전에서 나오니, 목구멍은 넓고 커야 하고, 목소리가 우렁차게 울려 퍼져야, 바로 그것이 아름다운 목소리이다. 목(木)의 소리는 크며 높고, 화(火)의 소리는 타는 듯하고, 부드럽고 윤택한 금(金)의 소리는 자연히 복이 들어온다. 어린아이의 목소리는 목구멍에서 나오기 때문에 낮고 찢어진 소리가 난다. 몸이 작고 목소리가 크면 반드시 부유하고 권세가 있는 집안의 부귀한 자식이며, 목소리가 낮고 몸이 작으면 자신이 집안을 망친다는 사실을 알아야 한다. 여인의 목소리는 깨끗해야 하며, 남자의 목소리는 굳세고 우렁차야 좋다. 개가 짖거나 닭이 우는 것과 같은 목소리를 내고, 징소리 같은 여운을 남기며 울거나 찢어지는 것처럼 들리면 빈천한 상이다.

## 6. 신체 부위로 보는 법 23가지

### 1)등

등은 음과 양 2개의 길에 합쳐지니, 그 평평함과 높음을 살펴야 한다.

- 등이 움푹 들어가 구덩이가 생기고, 가슴에 흉골이 돌출되면, 집안에 하룻밤을 먹을 양식도 없다.
- 등은 높아야 하고 가슴은 평평해야 하며, 어깨는 넓어야 하고 솟아올라서는 안 된다. 만약에 어깨가 위로 솟아올라 있으면 가난하고 천한 사람이다.
- <광감집>에 다음과 같이 이르고 있다. "등에 삼갑(3개의 갑자(甲字), 즉 배(背)자이다)이 있고, 배에 삼임(壬字, 3개의 壬字, 즉 수(垂)자이다) 이 있으면 의식이 풍족하며, 부귀영화를 누린다."
- 가슴은 열리고 넓어야 하며, 좁고 작아서는 안 된다. 가슴에 뻣뻣한 잔털이 나는 것을 꺼리며, 부드러운 잔털이면 괜찮다.
- 명치 부위가 깊고 푹 들어가 있으면 사람됨이 간사하다. 만약에 등에 구덩이가 생겼다면 늙어서 먹을 양식이 없을 뿐만 아니라 수명이 단축된다.
- 수형인(水形人)과 토형인(土形人)은 등이 높아야 하고, 목형인(木形人)은 등이 평평해야 한다.
- 속담에 다음과 같이 이르고 있다. "좋은 얼굴은 좋은 몸만 못하다." 가슴과 등은 몸을 구성하는 주축이다.
- <상서[1]>에 다음과 같이 이르고 있다. "등이 비어 있는 것과 가슴이 꺼져 들어가서 비어 있는 것은 똑같이 나쁜 상이다." 등은 음이고 가슴은 양이며, 양은 비어 있으면 안 되고 음은 드러나서도 안 된다.

---

[1] 상서(相書) – 마의상법, 유장상법 등 관상책을 말한다.

## 2) 유방

유방은 후손의 뿌리와 싹이니, 검고 커야 하며, 모지고 둥글고, 견고하고 단단해야 한다.

- 무릇 유방은 작아서는 안 된다. 금, 목, 수, 토 4개 형은 살이 많고 피부가 두터워야 한다. 피부가 엷으면 유방도 반드시 엷으며, 피부가 알차면 유방도 반드시 알차야 한다.
- 젖꼭지가 위로 향한 사람은 자식을 기르면 성공하고, 젖꼭지가 아래로 향한 사람은 자식을 길러도 힘들게 지낸다.
- 젖꼭지가 둥글고 단단하면 자식이 부유하며, 모나고 단단하면 자식이 귀하고, 작으면 자식을 두지 못해 후대가 끊긴다.
- 유방의 색깔이 희고 솟아있지 않은 사람은 후대를 이을 자식을 말하기가 어렵다. 부인의 유방 역시 검고 크다면 좋은 것이다.
- 만약에 유방이 검고, 단단하고, 잔털이 나고, 아름다우면 자식이 귀하게 되고 후손이 부귀영화를 누린다.
- 유방이 작은 사람은 자식을 적게 두며, 큰 사람은 자식을 많이 둔다.

## 3)배꼽

**배꼽은 배 속에는 오장을 안고 있으며, 밖으로 나가는 관문이다.**

- <태소(太素)>에 다음과 같이 이르고 있다.
  "배꼽은 모든 맥이 통하는 관문이다."
- 무릇 배꼽은 깊어야 하고, 배는 두터워야 하며, 피부는 알차야 하고, 뼈는 단정해야 한다.
- 배꼽 자리가 배의 윗부분에 있는 사람은 주로 지혜가 있으며, 배의 아랫 부분에 있는 사람은 우매하다.
- 배꼽 구멍이 넓고 커서 오얏이 들어갈 정도이면 그 이름이 천리까지 퍼져나간다. 배꼽 속에 검은 점이 있고 배가 아래로 늘어진 사람은 조정의 관리가 된다. 배꼽이 작고 평평하면 고생스럽고 비천하다.
- 유장 선생이 다음과 같이 이르고 있다. "배가 아래로 늘어지고, 배꼽은 배의 윗부분에 있으면 입는 것과 녹봉이 풍족하여 태어날 때부터 부귀하다. 배가 위로 향하고 배꼽이 아래로 향한 사람은 노년에 고독하고 빈곤하다. 무릇 배는 위는 작고 아래는 커야 하며, 위가 크고 아래가 작은 것을 제일 꺼린다."
- 또 다음과 같이 이르고 있다. "배는 오장의 표면이니, 넓고 커야 하며 좁고 작은 것을 꺼린다. 배가 상반신 가까이 있는 사람은 지혜가 있으며, 하반신 가까이 있는 사람은 우매하다. 이러한 이치를 일반 사람들을 모른다."
- 무릇 여인의 배꼽은 자식의 뿌리이며, 여인의 유방은 자식의 싹이다. 배 속에 남아의 태아가 있으면 배꼽은 반드시 홍색과 흑색을 띠게 되며, 배 속에 여아의 태아가 있으면, 3-4개월이 지나 그 임부의 배꼽이 볼록 나오게 된다. 만약에 회임한 지 8-9개월이 지나서 배꼽이 볼록 나오게 되면 남아를 낳게 된다.
- 모든 여인이 마르건 살이 찌건 관계없이 배꼽 깊이가 1푼[2] 정도면 아들을 하나 얻게 되며, 반 촌[3] 정도로 깊으면 아들을 다섯 얻게 된다.

- 여인의 배꼽은 커야 좋다. 작으면 자식을 얻기가 어렵고, 설사 자식을 낳는다고 하더라도 자식이 살아남지 못한다.
- 여인의 배꼽이 적색을 띠게 되면 낳은 자식이 관직을 얻어 옥허리띠를 차는 조정 1품의 자리에 오르게 된다. 만약 검은색을 띠게 되면 낳은 자식이 금 허리띠를 차는 관리가 된다.
- 배꼽 속에서 잔털이 자라게 되면 낳은 자식이 반드시 빼어나다. 그리고 뱃가죽이 넓고 크면 반드시 다섯 명의 아들을 두게 된다.
- 배꼽이 작고 허리가 삐뚤어져 있으며, 배가 작고 뱃가죽이 엷으며, 두피가 팽팽한 여인은 비록 얼굴의 상이 가히 취할 수 있는 곳이 있다 하더라도, 아들을 낳을 수 없다.

## 4) 궁둥이

**궁둥이는 나중에 형성되니, 흥할지 말할지를 볼 수 있다.**

- 소년이 궁둥이가 지나치게 작으면 모든 일에 성공하기 어렵고, 논과 밭을 지키기 어려우며, 조상의 사업을 깨뜨리고 고향을 떠나게 된다.
- 늙어서 궁둥이가 지나치게 작으면 반드시 형편이 딱하고 어려우며 힘들게 지내고, 처와 자식이 죽게 되며, 세상살이를 바쁘고 고달프게 살아간다.
- 마른 사람이 궁둥이가 지나치게 작으면 많이 배워도 성공하는 일이 적으며, 평생 좋은 운이 없고, 36세에 세상을 떠난다.

---

[2]푼(分) – 침혈의 위치를 정할때 침 놓는 깊이(단위). 1푼은 약 3.03mm이다
[3]촌(寸) – 한방에서 혈의 위치를 정할때 쓰는 단위. 환자 자신의 손가락 너비 등을 기준으로 치수를 정한다.(1寸은 약 3.3cm)

- 살찐 사람이 궁둥이가 지나치게 작으면 자신이 솥과 밥그릇을 씻으며, 처와 자식이 없어 고독하고 고생스럽게 살며 매우 빈천하다. 그 때문에 궁둥이는 열려 있고 넓으며 커야 하는데, 뾰족하고 좁으며 끌어 당겨서 굽어진 활 모양으로 볼록 튀어나와서는 안 된다.
- <상서>에 다음과 같이 이르고 있다. "가슴이 움푹 들어가고 궁둥이가 끌어당 겨서 굽어진 활 모양으로 볼록 튀어 나오면 부자 관계가 화목하지 않다." 만약 여인이 이와 같다면 반드시 흉악한 사람이다.
- 부인의 상법을 덧붙여 말한 비결에서 다음과 같이 이르고 있다. "허리는 작고 궁둥이는 뾰족하며 배꼽이 깊지 않으면, 오직 노비가 되어 고독함과 빈궁함을 지킨다. 만약에 젖꼭지까지 희다면 말할 필요도 없이 평생을 고독하게 지낸다. 또 다음과 같이 이르고 있다. "궁둥이가 지나치게 뾰족한 여인이 귀한 부인이 되는 경우는 없다."
- 무릇 단정한 여인의 상은 가슴이 넓고 커야 하며 움푹 들어가서는 안 된다. 허리는 둥글어야 하고 가늘어서는 안 되며, 유방은 검어야 하고 희면 안 되며, 배꼽은 깊어야 하고 얕아서는 안 된다. 머리카락은 검어야 하고 황색이면 안 되며, 살집은 부드러워야 하고 매끄러워서는 안 되며, 눈썹은 둥글어야 하고 솟아나서는 안 된다. 등은 높아야 하고 움푹 들어가서는 안 되며, 얼굴은 둥글어야 하고 뾰족해서는 안 되며, 눈은 가늘어야 하고 둥글어서는 안 된다. 이상에서 언급한 모든 것 중에서 하나라도 범하게 되면 좋은 여인의 상이 아니다.

## 5) 다리와 팔

**다리와 팔은 몸의 근본이니, 두 다리와 두 팔의 형태를 본다.**

- 손목 윗부분의 팔뚝, 그리고 발목 위에서 배까지의 다리를 고굉(股肱)이라고 하며, 이는 몸의 근본이다.
- <상서>에 다음과 같이 이르고 있다. "다리와 팔에 살이 없는 사람은 가장 흉한 상이다." 살찌거나 마르거나, 어른이나 아이를 불문하고 팔과 다리에 살이 있어야 비로소 좋은 것이다.
- 어린아이가 다리에 살이 없으면 18세에 사망한다. 어른이 다리에 살이 없으면 보통 빈천한 사람이다. 여인이 다리에 살이 없으면 반드시 현덕하지 못하다.
- 마른 사람이 다리에 살이 없으면 실패하여 타향으로 달아난다. 살찐 사람이 다리에 살이 없으면 후일의 운세를 판단하기가 어렵다.

## 6)손

손은 몸의 싹이어서, 여러 가지 설명이 있다.

- 손의 상을 살피는 방법은 먼저 오행을 보고, 그다음에 팔괘를 살피는 것이다.
- 손바닥에는 두터운 것과 엷은 것이 있으며, 손가락에는 긴 것과 짧은 것이 있고, 주름에는 얕은 것과 깊은 것이 있으며, 혈색에는 밝은 것과 막힌 것이 있다.
- 무릇 손의 주름은 가늘고 깊을 뿐만 아니라 형태를 이루어야 한다. 주름은 얕고 문란하거나, 말라비틀어지고 기울거나 작으며, 결함이 있고 삐뚤어져서는 안 된다.
- 손톱은 힘줄과 핏줄이 밖으로 표출된 것이므로 손톱이 두터운 사람은 매우 대담하며, 손가락이 가는 사람은 주로 총명하고, 손바닥이 밝은 사람은 재물을 모으며 후한 녹봉을 받는다.
- 손바닥이 어둡고 검은 사람은 가정이 파탄 나고 재물을 날린다. 손바닥에 살이 두텁게 붙은 사람은 조상이 마련한 터전이 있으며, 손등에 살이 붙어있는 사람은 스스로 기반을 마련한다. 손등과 손바닥에 모두 살이 너무 많이 붙어 있지 않아야 하며, 가늘고 윤기가 나는 것이 좋다.
- 손바닥은 부드럽고 길어야 하며, 팔뚝은 밝고 두터워야 한다. 만약에 말라서 뼈가 밖으로 드러나고, 힘줄이 튀어나오고, 살이 적고, 손톱이 엷고, 손가락이 곧지 않으면 모두 수려하고 아름다운 상이 아니다.
- 유장 선생은 어느 날 작은 골목길을 거닐다가 한 사람이 손에 대야를 들고 창밖으로 물을 내버리는 것을 보았는데, 그 손이 백옥과 같이 맑고, 광채가 사람들의 눈 속을 꿰뚫고 들어가며, 손가락이 봄의 죽순과 같이 좋고, 혈색이 충만하여 주홍색을 띠고 있음을 보게 되었다.
- 이를 보고 유장 선생은 다음과 같이 이른다. "만약에 남자가 이러한 손을 가지고 있으면 응당 한림원에 들어가며, 여인이 이러한 손을 가졌다면 응당 국

모가 된다." 후일 이 여인은 정말로 영락 황제에 의해 황비로 선택되어 황태자를 낳았다고 한다.

- 무릇 남녀의 손은 혈색이 밝고 윤택하며, 손가락은 길고 주름이 가늘며, 손등과 손바닥은 살이 적당히 찐 것이 좋다.
- 손바닥의 이궁 부위에 '정(井)'자 모양의 주름이 있으면 응당 한림원에 들어간다. 손바닥의 건궁 부위에서 시작하여 이궁 부위까지 주름이 있으면 충천문(沖天紋)이라고 하는데, 충천문이 있으면 맨 손으로 가정을 일으켜 만금을 벌어들인다.
- 손바닥이 홍색을 띠고 윤기가 흐르면 수년 내에 논밭을 마련하게 된다. 손 주름이 난잡하면 주로 많이 배워도 이루는 일이 적다.
- 손 주름이 얕으면 의지 역시 얕고, 깊으면 의지 역시 깊다. 주름이 난잡하면 마음도 혼란하며, 주름이 없으면 마음이 어리석다.
- 무릇 손가락은 길고, 손바닥이 두터우며, 주름이 깊고 혈색과 혈기가 밝으면, 남자는 재상이 되고 여자는 부인이 된다.

## 7)발

**발은 몸을 싣고 다니니, 두텁고 모가 나야 한다.**

- 머리는 하늘과 같이 둥글며, 발은 땅과 같이 모가 나 있다. 하늘은 높아야 하고, 땅은 두터워야 한다. 무릇 발등은 살이 있어야 평안하게 안정되며 복록을 누리게 된다.
- 발바닥에 살이 붙어있는 사람은 금과 옥을 거두어 부를 축적하며, 발등에 푸른 힘줄이 드러난 사람은 일전 한 푼도 얻지 못한다.
- 발에서 가운뎃발가락은 길어야 하고, 엄지발가락은 짧아야 한다. 발등의 털이 부드러우면 총명하다.

- 발가락 위에 털이 나면, 주로 평생 발 질환에 걸리지 않는다. 어른이 발꿈치가 없으면 빈천하고 속세를 떠나가며, 어린아이가 발꿈치가 없으면 1세를 넘기지 못한다.

## 8) 머리카락

**머리카락은 혈액의 공급을 받지 않는 외표(外表)를 관장하는 것으로서 산림과 초목이다.**

- 무릇 머리카락은 윤택하고 빼어나야 하며, 가늘고 길어야 하고, 부드럽고 고와야 한다. 이상의 6가지 조건을 충족하는 머리카락은 좋은 것이다. 머리카락은 말라 바삭바삭하고, 황색을 띠며, 묶여 있으면 안 되며, 마치 산림이 빼어나지 않은 것과 같다면 귀인의 상이 아니다.
- 목형인(木形人)은 머리카락이 짙거나 길어서는 안 되며, 맑고 윤기가 흘러야 하며, 메마르거나 황색을 띠어서는 안 된다.
- 금, 수, 화, 토 4개 형의 사람은 모두 머리카락이 지나치게 많아서는 안 된다. 재부가 풍족한 사람은 머리카락이 드문드문 나 있다. 머리카락이 일각과 월각부위로까지 길게 나서는 안 되는데, 이런 사람은 주로 우매하고 고집이 세며 또한 부모를 이긴다.
- 무릇 여인의 머리카락은 3척 내외로 긴 것이 좋다.
- 어릴 적에 머리가 빠지면 자식을 말하기가 어려우며 후손을 얻지 못한다. 만약에 노년에 머리카락이 새까맣다면 소나무와 같이 장수하며, 절반은 희고 절반은 검으면 반드시 장수할 수 있다.
- 어린아이가 머리카락이 희면 부모가 모두 죽게 된다. 왼쪽에 흰 머리카락이 많으면 아버지를 이기고, 오른쪽에 흰 머리카락이 많으면 어머니를 이긴다. 이때 어린아이란 15세를 넘기지 않은 사람이다.

## 9)점

**점은 산봉우리와 같으니, 매우 높지 않을 수가 없다.**

- 피부 표면에 높게 나온 것은 사마귀이고, 평평한 것은 점이며, 청황색을 띤 것은 반점이다.
- 무릇 반점은 모두 얼굴에 생겨서는 안 된다. <상서>에 다음과 같이 이르고 있다. "얼굴에 반점이 많으면 아마도 장수하지 못하는 사람일 것이다."
- 얼굴에 생긴 점은 나타난 점이고, 몸에 난 점은 숨겨진 점이다. 이들 모두는 산림에 초목이 있는 것과 같이 잔털이 있어야만 좋은 상이다.
- 등 위에 점이 생기면 주로 관록을 가지며, 가슴에 점이 생기면 주로 슬기로운 꾀가 있고, 배 위에 점이 생기면 의록이 풍족하다. 배에 난 점이 매우 크고, 먹과 같이 흑색이며, 주사와 같이 적색이고, 단단하고 둥글며 높은 사람은 귀인이다. 점이 중간 정도로 평평한 사람은 조금 귀하다.
- 점의 색깔이 지나치게 선명하면 아직 기회를 만나지 못한 사람이다. 또 색깔이 어두우면 좋은 운이 이미 지나가 버린 사람이고, 색깔이 연한 사람은 비교적 평범한 사람에 속한다.

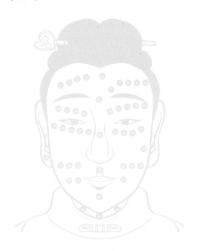

## 10)털

**털과 잔털은 각기 다르며, 달리 구분한다.**

- 질적으로 투박하고 단단한 것은 털이라고 하며, 몸의 어디든지 상관없이 주로 천하다. 가늘고 부드러운 것은 잔털이라고 하며, 다리와 발에 나면 기이하다.
- 배꼽 아래나 항문 위에 털이 난 사람은 주로 평생 음랭한 기운을 받아 생기는 병인 음병에 걸리지 않으며, 귀신을 두려워하지 않는다.
- 가슴에 잔털이 난 사람은 주로 성질이 조급하며, 등에 털이 난 사람은 평생을 고생하며, 유방 위에 잔털이 난 사람은(3가닥의 털이 나면 좋다) 반드시 귀한 아들을 낳는다.
- 유방에 난 털이 잡초와 같이 문란한 사람은 자식이 없는 상이다. 손가락에 털이 난 사람은 좋은 상이다. 요컨대 털은 가늘고 부드러운 것이 좋다.

## 11)뼈

**뼈는 금강석처럼 단단하고 바르게 생겨야 좋다.**

- 무릇 뼈는 단단해야 하며 살은 알차야 하고, 뼈는 군주이고 살은 신하이다.
- 뼈가 많고 살이 적은 사람은 주로 빈천하며, 살이 많고 뼈가 적은 사람은 주로 단명한다. 뼈와 살이 서로 균형을 이룬 사람은 장수를 누리며 자식이 있는 상이라 할 것이다.
- 무릇 여인이 뼈가 단단하면 남편에게 형벌이나 상해를 입히며, 남자가 뼈가 단단하면 반드시 빈천하다. 용골(龍骨)은 가늘고 길어야 하고, 호골(虎骨)은 바르고 거칠어야 한다.
- 푸른 힘줄이 튀어나오고 뼈가 드러나 있으며, 살집이 푸석푸석하고 삐뚤어지며 기울어져서는 안 된다.

- <상서>에 다음과 같이 이르고 있다, "뼈가 바르고 정신은 왕성하며 살 또한 견실하면, 군신 간에 덕이 어울리고 복이 줄줄이 이어진다. 뼈 위에 살이 들떠 있고 성질을 내는 사람은 인생 중반을 넘기기 힘들다."

## 12)살

**살은 피토(皮土) 또는 표토(表土)이니 알차고 맑아야 한다.**

- 무릇 피부는 토(土)에 속하며, 토는 반드시 두텁고 알차야만 만물을 비로소 생장시킬 수 있다.
- 살은 반드시 맑고 윤기가 흘러야 하며, 살 속에 혈기가 있어야만 영화로운데, 그래야 온몸을 움직일 수 있다.  뿐만 아니라 피부가 지나치게 얇으면 어찌 살을 감쌀 수 있겠는가? 또한 살이 드러나면 어찌 만물이 생장하도록 포용할 수 있겠는가?
- 피부가 단단하고 팽팽하면 수명이 짧고, 피부가 느슨하면 수명이 길다. 소아의 피부가 단단하고 팽팽하면 장수하는 상이 아니다.
- <상서>에 다음과 같이 이르고 있다. "피부는 팽팽하거나 거친 것이 가장 마땅치 않다. 어찌 이러한 사람이 열심히 노력하여 가업을 일으킬 수 있단 말인가? 비천하고 우둔한 사람은 대부분 깨뜨리고 없어서, 36세가 되기 전에 반드시 사망하게 된다."

## 13) 구혁(인중)

**구혁은 인중이라고도 부르며, 길고 깊어야 한다.**

- 사람의 운은 51세에 인중이 관장하기 시작한다.
- 인중이 위는 좁고 아래는 넓으면 구혁이 통한다고 한다. 인중이 위가 넓고 아래가 좁으면 구혁이 막혔다고 한다.
- 얼굴에는 장강(귀), 회수(입), 황하(눈), 제수(코)라는 사독(四瀆)이 있으며, 얼굴의 오악(이마, 코, 턱, 양 광대뼈)은 모두 이 사독을 좇아서 빼어난 세력을 형성하고 있다.
- 그 때문에 인중은 깊고 길며 넓고 커야 하며, 좁고 작으며 짧고 삐뚤어진 것을 제일 꺼린다. 만약 장강, 회수, 제수가 지나치게 얕으면 자식을 얻는 것이 반드시 늦어지게 된다.
- 유장 선생은 다음과 같이 이르고 있다. "인중이 평평하고 풍만하여 도랑이 없는 사람은 자식을 말하기가 어렵다. 인중 부위에 수염이 적은 사람은 빈천한 사람이며 귀한 상이 아니다." "인중이 평탄하고 도랑이 없는 사람은 36세 이후에 몇 년 동안은 목숨을 연명하게 된다."
- 그런데 인중은 단지 온몸에서 어느 한 작은 부위에 불과한 것이므로, 비록 이와 같다고 해도 몸 전체의 다른 부위들도 함께 참고하여 판단해야 한다.

## 14)수염

**수염은 얼굴의 화려한 겉모습이며, 단전(丹田)의 원기(元氣)이다.**

· 입술 위의 좌우 양쪽의 수염은 '록(祿)'이고, 입술 아래 지각 부위의 수염은 '관(官)'이라고 한다. 인중 위의 수염은 '자(髭)'이고, 승장(承裝) 위의 수염은 '수(鬚)'이며, 변지(邊地)위에 생긴 수염은 '염(髯)'이라고 하는 등 5개의 이름이 있다.

· '록'이 있고 '관'이 없는 것은 가능하지만, '관'이 있고 '록'이 없는 것은 불가하다. 즉 인중 위에 난 수염이 있고 승장 부위에 난 수염은 없을 수는 있지만, 승장 부위에 난 수염이 있고 인중 위에 난 수염이 없는 것은 불가하다. 입술의 상부와 하부, 인중, 승장, 변지 등 다섯 부위에 모두 수염이 나면 귀한 사람이다.

· 무릇 턱수염은 옻칠한 것과 같이 검거나 적색을 띠어야 하며, 황색을 띠어서는 안 된다. 만약에 턱수염이 흑색, 적색, 황색 등이 섞여 난잡한 색을 띠게 되면 크게 좋지 않다.


· 수염의 색깔이 금색과 적색을 띠고 동아줄과 같으며, 수염의 머리와 꼬리가 퍼지면 바로 금 수염이니, 이러한 상을 가진 사람은 큰 재물을 모은다.

· 얼굴색이 밀가루와 같이 희고, 보름달과 같이 둥글면 은색 얼굴에 금수염이라고 하여 2품의 관직을 얻게 된다.

· 수염이 드물고 빼어나면 좋다. 수염은 부드러워서는 안 되고 뻣뻣해야 하며, 곧아서는 안 되고 굽어야 하며, 탁해서는 안 되고 깨끗해야 한다.

· 빈모(귀밑털)에 이어지는 수염이 생겨서 머리카락과 서로 어울리면 좋다. 만약에 머리카락이 적고 턱수염이 많으면 역시 재물을 모으지 못하며, 빈천한 상이다.

- <상서>에 다음과 같이 이르고 있다. "수염은 짙고 탁하며 바삭바삭하고 황색을 띠면 가장 좋지 않다. 수염의 양이 구레나룻와 제비의 꼬리와 같이 생기면 형벌을 받거나 해를 입는다. 수염이 깨끗하고 가벼우며 살에서 드문드문 난 사람은 황실과 더불어 국가의 동량(棟梁)이 되는 재목이다."
- 무릇 수염이 빈모와 연결되어 있고, 늙어서 흰 밀가루와 같고 곧은 것은 양의 구레나룻이며, 꼬리 부분이 양쪽으로 갈라진 것은 제비 꼬리라고 하는데, 주로 늙어서 자식을 이기게 되며, 고독한 상이다.

### 15)침골

**침골은 복록과 장수를 온전하게 한다. 양쪽 귀 뒤에 쌍으로 있어야 좋으며 한쪽 귀 뒤에만 있으면 좋지 않다.**

- 뇌는 후침골(後沈骨)이며, 24세 이후에 생긴다. 귀 뒤의 높은 뼈는 침골(沈骨)이라고 부르며, 또는 수근(壽根, 목숨의 뿌리)이라고도 부르는데, 무릇 사람들은 모두 이 뼈를 가지고 있다.
- 만약 어린아이가 침골이 없으면 말을 하기 시작할 때에 요절한다. 이 뼈는 귀 뒤에 있지만, 귀에서 생성되는 것도 이런 것이 있다.
- 만약에 'ㅇ' 모양의 회문골(回紋骨), '∴' 모양의 품자골(品字骨), '⋯' 모양의 연주골(連珠骨), '△△△' 3개 산이 겹쳐있는 모양의 삼산골(三山骨)인데, 이와 같은 침골을 가진 사람이라면 제후에 봉해지는 귀한 상이다.
- 북방 사람은 머리가 1척이 넘을 정도로 크며 이 침골을 가지고 있다. 만약에 '∴' 모양의 소품자골, '천(川)'자 모양의 천자골, '⌣' 모양의 앙월골(仰月骨), '⌢' 모양의 언월골(偃月骨), '산(山)'자 모양의 산자골(山字骨)을 갖고 있다면, 이와 같은 뼈를 가진 사람은 주로 3품직을 얻게 된다.
- 남방 사람도 대부분이 침골을 가지고 있으며, 침골의 형상이 '!' 모양의 현침골(懸針骨, 바늘을 매달아 놓은 모양)이면 주로 형을 받거나 해를 입는다.
- 침골이 'ㅇ'모양의 고월, 'ノ'모양의 왼쪽 삐침 별자, '乀'모양의 오른쪽 삐침 별자와 같은 형상이면 모두 주로 고독하며, 승려가 되는 상이다.

- <상서>에 다음과 같이 이르고 있다. "침골은 양쪽 귀 뒤에 쌍으로 생겨야 하며, 한쪽 귀 뒤에만 생겨서는 안 되고, 오른쪽과 왼쪽의 침골이 불균형적으로 나 있으면 단명한다. 또한 뇌의 후침골이 아주 높게 솟아 있으면 집안이 번창하지 않을까 근심하지 않는다."

- 침골은 사람의 수명을 관장하는 데 불과하다. 둥근 무늬 모양의 회문골, 뒤집힌 반달 모양의 앙월골, 3개 산이 겹쳐있는 모양의 삼산골, '품(品)' 자 모양의 품자골, 쌍고리 모양의 쌍환골(雙環骨), 2개 구슬이 연결된 모양의 연주골(連珠骨) 등은 반드시 크게 귀한 상이다.

- 침골이 홀로 높게 솟아 있으며, 한쪽으로 치우치거나 작으면 반드시 고독하다. '품(品)'자 모양의 소품자골, '천(天)'자 모양의 천자골, 반달 모양의 언월골, 가로로 놓인 산 모양의 횡산골 등은 집안을 흥하게 하는 격이다.

- 침골이 높게 튀어나온 사람은 반드시 복이 끊임없이 이어진다. 30세에도 침골이 나지 않은 사람은 수명을 헤아리기 어렵다.

- <상서>에 다음과 같이 이르고 있다. "침골이 없는 어린아이는 말을 할 수 있을 때 사망하게 된다."

## 16) 치아

**치아는 몸 밖에 생긴 뼈이며, 주로 평생의 의복과 녹봉(祿俸)을 관장한다.**

- 무릇 치아는 가지런하고 바르며 두텁고 커야 한다.
- 윗니는 태양 부위로 직접 통하여 양경(陽經)에 속하고, 아랫니는 허리로 통하며 신경에 속한다. 그 때문에 치아가 길고 큰 사람은 장수하며, 치아가 성긴 사람은 단명한다.
- 치아가 짧으면 우둔하고, 치아가 옥과 같이 희고 가지런하면 가히 하늘이 주는 복록을 먹으며, 치아가 둥글고 작으며 가지런하지 않으면 빈궁한 사람이다.
- 입 한가운데 있는 2개의 치아는 대문이며, 대문이 가지런하고 크면 주로 충성과 효도를 하는 사람이며, 대문이 삐뚤어지고 작으면 말에 신용과 실행이 없는 사람이다.
- 여인은 치아가 황색을 띠고 커야만 좋다. 남자는 치아가 34개 있어야 주로 귀하며, 32개가 있는 것 역시 주로 복을 누리고 장수하게 되고, 30개 있으면 복이 보통이며, 28개가 있으면 단명한다.
- 치아는 또 내학당(內學堂)이라고도 부르며, 바르고 가지런하며 희고 크며 두터운 것이 중요하며, 이러한 치아를 가진 사람은 박학다식하다.

## 17)목소리

**목소리는 천둥과 우뢰와 같이 크고, 우렁차고 맑아야 한다.**

- 귀인의 목소리는 맑고 길며, 우렁차고 맑으며, 부드러우며 여운을 남긴다. 목소리가 처음에는 크고 나중에는 점점 작아지면 부귀한 상이다.
- 또 다음과 같이 이르고 있다. "목(木)의 소리는 높고 길어야 하고, 금(金)의 소리는 맑고 윤택해야 한다. 오행 중에서 이 2개 목소리가 가장 좋으며, 그 밖의 소리는 모두 부족하다. 목소리가 단전에서 나오니, 목구멍은 넓고 크며, 목소리가 우렁차게 울려 퍼지면, 바로 그것이 아름다운 목소리이다."
- 또 다음과 같이 이르고 있다. "목(木)의 소리는 크며 높고, 화(火)의 소리는 타는 듯하고, 부드럽게 윤택한 금(金)의 소리는 자연히 복이 들어온다."
- 무릇 부귀한 사람은 목소리가 단전에서 나오기 때문에 맑고, 길고, 높으며, 우렁차다.
- 어린아이의 목소리는 목구멍에서 나오기 때문에 낮고 찢어진 소리가 난다.
- 또 다음과 같이 이르고 있다." 몸이 작고 목소리가 크면 반드시 부유하고 권세가 있는 집안의 부귀한 자식이며, 목소리가 낮고 몸이 작으면 자신이 집안을 망친다는 사실을 반드시 알아야 한다."
- 여인의 목소리는 깨끗해야 하며, 남자의 목소리는 굳세고 우렁차야만 좋다.
- 개가 짖거나 닭이 우는 것과 같은 목소리를 내고, 징소리 같은 여운을 남기며 울거나 찢어지는 것처럼 들리면, 정말로 빈천한 상이다.

## 18)음낭

**음낭(陰囊)은 옥경(玉莖)으로서 생명의 근본이다.**

- 무릇 음낭은 흑색을 띠어야 하며, 음낭의 주름은 가늘고 알차야 귀하고, 아래로 늘어져서는 안 된다.
- 음낭이 불과 같이 따뜻하면 귀한 자식을 낳으며, 음낭이 얼음과 같이 차면 주로 아들이 적다.
- 옥경(음경)은 영험한 거북이라고 호칭하는데, 황제의 음경(陰莖)은 옥경이라 하고, 평민의 음경은 귀두(龜頭, 거북이의 머리)라고 불렀다.
- 무릇 귀두는 작고 희며 견고하면 귀한 상이며, 만약에 길고 크며 검고 약하면 천한 상이다.
- 음경이 크면 흉사를 불러들이며 반드시 천하게 되고, 음경이 작고 빼어나면 어진 덕행을 가진 사람이다.
- 무릇 귀두가 작은 사람은 반드시 처도 좋고 아들도 좋지만, 귀두가 큰 사람은 좋지 않다.


## 19)대장과 항문

**항문은 오장의 마지막 관문이다.**

- 무릇 항문은 양쪽 궁둥이 사이에 끼어 있으며, 노출되지 않는 것이 좋고, 만약에 노출되면 매우 빈천할 뿐만 아니라 단명한다.
- 항문에 털이 나면 좋고, 털이 없으면 천하다. 오줌은 느리게 나오는 것이 좋고, 빨리 나오면 가난하다. 대변이 가늘고 길면 귀한데, 모가 나면 무관이고, 비스듬하게 떨어지면 문관이고 귀한 상이다.

- 만약 대변이 첩첩이 띠를 두른 것과 같으면 부귀할 상이다. 항문에 털이 없으면 늙어서 반드시 가난하며, 소년이 항문이 노출되면 반드시 형상을 입게 된다.


## 20)허리
허리는 신혈(腎穴)과 명혈(命穴) 2개 혈이니, 한 몸의 근본이다.

- 옛날 사람들은 허리가 넓고 둘레가 둥글고 넓으며 곧고 단단하면 좋은 상이라고 했다.
- 살찐 사람의 허리는 넓어야 하고, 마른 사람의 허리는 둥글고 튼튼해야 한다. 허리 양쪽의 요안[4]이 우묵하게 들어간 부분은 신혈과 명혈이라는 2개의 혈이니, 살이 붙고 피부가 두터워야만 비로소 장수한다.
- 허리가 바르지 않고 삐뚤어져 있으며, 가늘고 얇으며 굽어져서 깎여 있으면 가난하고 단명할 상이다.
- 여인은 허리가 크면 복이 있으며, 허리가 가늘고 바르지 않으면 아들을 낳지 못하며 대부분 빈천한 상이다.

---

[4]요안(腰眼)은 허리의 뒷 부분에 있는 기혈로 4번째 등 척추 뼈 가시돌기 아래에 양쪽으로 각기 3촌 8푼에 위치한다.

### 21)넓적다리와 무릎

**넓적다리와 무릎은 하정(下停)이니, 현명함과 우매함이 결정될 수 있다.**

· 무릎은 크고 넓적다리는 가늘고 마르면 학의 무릎으로서 주로 비천하며, 무릎이 작아 뼈가 없는 것처럼 보이면 단명한다.

· 무릎이 작은 어린아이는 단명한다. 무릎 위에 힘줄이 있는 사람은 일생 고생하면서 분주하게 지낸다.

· 넓적다리에 가는 털이 나면 평생 형벌을 받지 않으며, 넓적다리에 뻣뻣한 털이 나면 형벌을 불러들인다. 요컨대 넓적다리에 난 털은 부드러운 것이 좋다.

· 설사 몸의 상이 모두 좋다고 하더라도, 무릎이 크고 넓적다리가 마르고 작으면 역시 우둔하니 가져다 쓰지 않는 상이다.


· <상서>에 다음과 같이 이르고 있다. "무릎은 크지만, 무릎뼈는 노출되지 않아야 하며, 넓적다리는 크고 튼튼해야 하며, 무릎도 둥글고 두터워야 적당한 상이다."

· 또 다음과 같이 이르고 있다. "무릎이 말과 같이 둥글면 평생 법정에는 가지 않으며, 넓적다리가 크고 무릎이 뾰족하면 반평생 송사에 말려드는 상이다."

## 22) 피

피가 막혀 있는지, 혼탁한지, 깨끗한지 그리고 왕성한지로 부귀와 수명을 결정할 수 있다.

- 피는 기색의 근본이며, 피가 충분하면 기색이 밖으로 나타나며, 피가 왕성하면 기색이 밝고 윤기가 난다.
- 피부 위에 은은하게 안에서 호응하여 밝고, 안으로 기색이 있으면, 피부 속에 나타난 혈색은 피가 왕성한 것을 의미한다. 남녀 모두 피가 깨끗하고 왕성하면 부귀와 장수를 누리게 된다.
- 피부 속이 어두침침한 색깔이면 피가 막힌 것이며, 피부 겉에 검고 붉은 색이 보이면 혼탁한 것으로 빈궁하며 비천한 상이다.
- <상서>에서는 다음과 같이 말하고 있다. "혈색이 밀가루처럼 흰 사람은 혈색이 빛나지 않으면 대부분 평생 절룩거리는 삶을 사는 상이다."

## 23) 반점

**반점에는 흑색인 것도 있고 황색인 것도 있으며, 큰 것도 있고 작은 것도 있다.**

- 무릇 마른 사람에게 반점이 생기는 것은 적당하지 않다. 피부가 희고 깨끗한데 검은색 반점이 있는 사람은 총명하지만, 색(色)을 좋아하는 상이다.
- 피부가 희고 깨끗한데 황색 반점이 있는 사람은 우둔하고 천하다. 마른 사람이 나이가 적고 얼굴이나 몸에 반점이 생기면 주로 목숨을 재촉하는 상이다.
- 살찐 사람이 반점이 있으면 장수한다. 유독 토형인만은 반점이 있는 것이 좋으며, 금, 목, 수, 화 4개 형의 사람은 모두 반점이 있는 것이 좋지 않다.
- 소년이 반점이 있으면 단명하며, 늙어서 반점이 생기면 장수한다.
- 큰 것은 반(斑)이고, 작은 것은 점(點)이다. 소년에게 점은 있어도 무방하지만, 반은 제일 꺼린다. 늙어서는 반이 생기는 것을 더욱 좋아하며, 점 역시 방해되지 않는다.

## 7. 얼굴의 주요부위로 보는 법 7가지

### 1)머리

머리는 6가지 양(陽)의 우두머리이며, 그 상은 하늘에 부합된다.

- 천정(이마)은 경양(景陽)이고, 천창(양 이마)은 태양(太陽)이며, 머리의 뒷면은 후양(後陽)이고, 천령(天靈)은 영양(靈陽)이며(여자는 이 천령 뼈가 없다), 좌우의 일각과 월각은 화양(華陽)인데, 이것이 6양이다.
- 그밖에도 24골이 있는데, 각각 이름을 가지고 있으며, 그것들은 24절기와 서로 배합된다. 때문에 머리는 몸의 주재자이니 기울거나 함몰되는 결함이 있어서는 안 된다.
- 머리가 한 쪽으로 기울고, 낮고 움푹 파여 있으며, 비스듬하고, 여위고 엷으며, 뾰족하게 깎여 있으면 좋지 않은데, 이 몇 가지 가운데 한 가지라도 해당하면 깨지는 상이다.
- 머리는 평평하고 둥글어야 하는데, 만약에 뼈마다 솟아있고 머리 위에 모가 난 사람은 뜻한 바를 이루게 되고, 머리가 모가 나고 넓으면 유용한 사람이다. 만약에 6가지 양 중에서 하나의 양이라도 이루어지지 않았으면 유용한 상은 아니다.

## 2) 눈

눈은 일월(해와 달)의 정수로서 몸의 빼어난 기를 관장하고 있다.

- 눈은 몸의 태양이며, 태양은 하늘에 있는 해와 달과 같으며 밝고 빼어나야 한다.
- 사람에게 몸의 근본은 두 눈에 있다. 눈은 흑백이 분명해야 하며, 상대에게 광채를 비추어야 하고, 눈동자가 단정하며, 말을 할 때 위나 아래를 향해 보지 않고, 옆눈질이나 흘겨보지도 않으며, 훔쳐보지 않아야 유용한 상이다.

- <상서>에 다음과 같이 이르고 있다. "쳐다보는 것이 평평하고 바른 사람은 강직하고 심지가 공평하며, 위를 쳐다보면서 말하는 사람은 대부분 실패하고, 아래를 내려다보면서 말하는 사람은 대부분 간사하며, 모로 뜨거나 곁눈질을 하면서 말하는 사람은 대부분 도둑질을 잘하고, 희미한 눈빛이면 음탕하며, 정신이 나가서 멍한 눈빛을 보이면 대부분 요절한다."
- 이상 몇 가지 중에서 한 가지라도 범하게 되면 써먹을 수 있는 상이 아니며, 귀인이 아니다.

## 3) 귀

**귀는 넉넉한 잘 가다듬어진 풍채로서 얼굴의 위엄 있는 자태에 일조한다.**

- 귀는 금성(金星)과 목성(木星), 2개를 가지고 말하는데 이 둘은 희고 밝아야 한다.
- 그 때문에 다음과 같이 이르고 있다. "금(金)이 맑고 목(木)이 빼어나서 비로소 급제하여 금방(金傍)에 이름을 올릴 수가 있지만, 금이 어둡고 목이 마르면 어찌 평생 복 받는 이로움을 얻을 수 있겠는가?"
- 1세에서 14세까지 사람의 운명은 귀에 있기 때문에 귀는 '터줏대감'이라고 한다. 귀는 낮게 아래로 늘어지거나 뒤집히거나 또는 엷어서도 안 되며, 야위거나 깎여져 비스듬하거나 기울어져 있어서도 안 된다.
- <상서>에 다음과 같이 이르고 있다. "금과 목(양쪽 귀)이 완전히 형성되어 있지 않으면 공을 세우기가 어렵다. 귀는 평평하고 열려 있으며, 살점이 달라붙어 있어야 좋은 상이다." "금과 목이 꽃이 피듯 하여 이륜(귓겉바퀴)과 이곽(귓안바퀴)이 없으면, 평생 명예를 얻고 이로움을 갖으려는 것은 헛 일이다." "이륜이 진흙과 같이 어둡고 광택이 나지 않으면 죽을 날이 머지않으며, 어린아이의 귀가 적색을 띠게 되면 병이 온다. 만약에 귀가 빛이 나고 밝은 것이 밀가루와 같이 희면 복과 장수를 다 갖게 되고 하는 일마다 성공한다." "얼굴을 마주 보고 있는데 그 사람의 귀가 보이지 않으면, '어느 집의 아이냐'고 묻는다. 그리고 얼굴을 마주 보다 그 사람의 뺨이 보이지 않으면, '이 사람이 어느 곳에서 왔는가'라고 묻는다." 이런 사람은 모두 복을 누리기 때문에 그리 묻는 것이다.

## 4) 눈썹

**눈썹은 수명을 지키는 것이어서, 길고 높음과 낮음을 살피지 않을 수 없다.**

- 눈썹은 라후(羅睺)와 계도(計圖) 2개 성으로서, 높아야 하고 낮아서는 안 되며, 길어야 하고 짧아서는 안 되고, 맑아야 하고 탁해서는 안 된다.
- 만약에 눈썹이 진하고 무겁고, 낮으며 내려앉아 있고, 탁하며 잘려 있으면 평생 부모의 정을 말하기가 어렵다.
- 눈썹이 흩어져 있고 성글게 나 있으면 형제자매가 마치 길에서 만나서 모르는 사람처럼 지낸다.
- 눈썹이 길어 눈을 지나가면 형제가 대여섯 명이나 되고, 형제간에 반드시 신의가 있다.
- 따라서 얼굴 부위에서 가장 중요한 것은 눈썹이 맑고 빼어나야 한다.

- <상서>에 다음과 같이 이르고 있다. ˝등과(登科)하는 것은 두 눈에 달려있고, 급제하는 것은 두 눈썹에 달려 있다.˝
- 또 다음과 같이 이르고 있다. ˝관직과 권력이 없는 것은 양쪽 눈썹이 수려하지 않기 때문이다.˝
- 만약에 눈썹이 좋지 않으면 30세 이후에 반드시 깨지고 망하며, 늙어서 눈썹에 잔털이 나지 않으면 60세까지 살기가 어렵다.

## 5) 코

**코는 대들보와 기둥과 같아서 얼굴의 근본이다.**

- 코는 위로는 천정으로 이어지고, 아래로는 입과 통하고 있다. 코는 토성(土星)이라고도 하고, 중악(中岳)이라고도 하며, 재백궁(財帛宮)이라고도 한다.
- 코는 매우 중요하다. 만물은 흙 속에서 생장하므로, 토성이라고 하는 코는 얼굴의 근본이 된다.
- 코는 기울거나 삐뚤어지거나 굽어서는 안 되며, 산근이 절단되어서도 안 되고, 년상(콧등)과 수상(콧대) 부위에 마디가 생겨도 안 되며, 콧구멍이 통하지 않아도 안 된다.
- 이상의 몇 가지 중에서 한 가지라도 범하게 되면 빈궁한 상이다. 산근 부위가 높게 일어서고, 년상과 수상 부위가 평평하고 밝으며, 준두(코끝)가 풍만하고, 금궤(金櫃)와 갑궤(甲櫃) 부위가 완전히 가지런하면 평생 재물과 녹봉이 풍족하며 부귀할 상이다.

- <상서>에 다음과 같이 이르고 있다. "코는 재성(財星)이며, 41세에 시작해서 51세까지로 중년의 조화를 관장한다."

## 6) 입

**입은 큰 바다여서 수많은 물줄기에서 흘러오는 물을 받아들인다.**

- 입은 수성(水星)이니, 해구(海口)라고 부른다.
- 입은 수많은 물줄기에서 흘러오는 물을 받아들이며, 위로는 사악(四岳: 이마, 양 광대뼈, 코)과 통하면서 양분을 흡수하여, 아래로는 온몸을 윤택하게 한다. 입이 홍색을 띠고 윤기가 나며 크고 두텁고, 치아는 희고 입술은 가지런하고, 아랫입술과 윗입술이 잘 어울려야 비로소 귀한 상이 된다.

- <상서>에 다음과 같이 이르고 있다. "입술이 홍색을 띠고 치아가 흰 사람은 대부분 녹봉을 받으며, 입술이 얇고 작으며 뾰족하고 삐뚤어진 사람은 복이 없다. 입은 60세 때부터 10년 동안의 운세를 관장한다." "눈이 맑고 입이 크면 문장이 뛰어난 사람이다. 만약에 눈이 어둡고 입이 뾰족하면 빈궁한 사람이다. 얼굴이 크고 입이 작으면 반드시 기이한 사람이다. 얼굴이 작고 입이 크면 말할 거리가 못 된다. 오직 얼굴이 둥글고 입이 커야 비로소 녹봉을 받아먹는 벼슬아치가 된다."

## 7) 목

**목은 전달하는 통로이니 긴지 짧은지, 가는지 둥근 지를 관찰한다.**

- 목은 위로는 육양(六陽)을 떠받치고 있으며, 아래로는 몸통과 사지로 통하고 있으니 자세히 살펴야 한다.
- 고대 상서에는 오직 목구멍만 보았으며 목을 보는 내용은 없었다. 목은 몸의 주인인데 어찌 그 상을 보는 법이 없겠는가?
- 무릇 여인의 상은 목이 둥글고 길면 좋다. 남자는 다른데, 마른 사람은 목이

길어야 하고, 살찐 사람은 목이 짧아야 한다.

- 만약에 마른 사람이 목이 짧으면 30세 전후를 벗어나기 어렵게 되고, 살찐 사람이 목이 길면 40세에 이르러서 생명을 보장받을 수가 없다.
- 무릇 목은 첫째로 울대뼈(목젖)가 지나치게 튀어나온 것을 꺼리고, 둘째로 희미하고 푸른 힘줄이 드러나 보이는 것을 꺼리며, 셋째로 화가 날 때 뼈가 살 밖으로 드러나 보이는 것을 꺼리며, 넷째로 골격이 드러나는 것을 꺼리는데, 이 4가지는 모두 빈궁한 상이다.
- 마른 사람이 울대뼈가 크면 평생 발전하지 못하고, 살찐 사람이 울대뼈가 크면 방랑하다가 타향에서 객사한다.

- 유장 선생이 다음과 같이 이르고 있다. "목의 피부가 팽팽하고 살집이 느슨하고 들떠 있으며, 울대뼈가 큰 사람은 평생을 고생스럽게 지내며 타향으로 달아난다. 목이 여위고 혈색이 없으며, 근골이 밖으로 드러난 사람은 40세가 되기 전에 반드시 사망하게 된다." "목이 둥글고 피부가 두텁고 층층이 주름이 있으면, 반드시 총명하고 준수한 사람이다. 양쪽 등과 어깨가 목과 서로 잘 어울리는 사람은 빈한한 가정에서 태어나 교육을 받아도 반드시 높은 벼슬의 공경(公卿, 삼공과 구경)이 된다.
- 그 때문에 머리가 길고 둥글며 목이 가늘다면 장수한다고 말하기 어렵다. 목에 층층이 주름이 있는 것을 '목줄'이라고 하며, 이는 장수하는 상이니 평생 흉한 일을 불러들이지 않는다.

## 8. 기색으로 보는 법

기색으로는 행년 위주의 운 흐름, 질병, 길흉, 사망 여부 등을 분별하고, 골격과 오악(五岳)의 외형으로 타고난 부귀 빈천과 같은 운명의 틀을 확인한다.

그래서 기색과 형상의 조화와 균형 여부를 잘 살펴야 한다. 관상을 보는 순서에 있어서는 기국이나 형용(形容)을 기색에 앞서 보아야 하지만 음성, 피부, 근육 등의 비교적 미세한 부분을 살펴볼 때는 기색을 우선으로 해야 한다.

기색으로 질병, 수명을 파악할 때는 청색과 흑색을 유념하고, 체하거나 마른 기색, 잡색 등을 경계해야 한다. 그러나 노년의 기색은 젊은 사람과 달리 피부로 분별해야 하는데, 이는 피부의 윤택과 혈색이 노년 운의 흐름을 나타내고 있기 때문이다.

또한 기색과 상모가 서로 균형이 이루어져야 그 사람의 그릇이 완성된다. 색이 과도하게 매끄럽거나 반들거리거나, 들뜨거나 급변하는 기색은 길보다 흉이 많고, 길한 기색은 고운 빛깔이 은은하게 발하면서 지속적이다.

기색의 분별은 관찰의 작은 차이가 큰 결과를 낳는다. 따라서 색이 뜨는 부위의 오행 색과의 일치와 경중, 오행의 생극 등 가능한 모든 기준을 종합적으로 적용하여 세밀하게 살펴야 한다. 그래서 기색은 수시로 변하는 살아있는 생물과 같은 것임을 유념해야 하는데, 어두운 가운데 한 줄기 빛과 기운이 나오는지, 밝은 가운데 어두운 기색이 뜨기 시작하는지 등을 자세히 살펴야 비로소 올바른 기색을 볼 수 있다.

## 9. 행동거지로 보는 법 6가지

### 1)걸음걸이

**걸어갈 때는 몸은 바르고 곧으면서, 머리는 치켜들어야 하고, 가슴은 펴야 한다.**

몸은 기울거나 치우치지 않아야 하며, 구부정해도 안 된다. 보폭은 넓어야 하고 머리는 수직으로 곧아야 하며, 허리는 단단해야 하고 가슴은 펴져야 한다. 길을 걸을 때 몸이 기울어지고 머리는 흔들거리며 뱀이 기어가는 것과 같이 걷거나, 참새처럼 종종걸음을 하며 허리가 굽어지고 목이 비뚤어져 있으면 그 모두가 좋지 않은 상격이다. <시>에서는 다음과 같이 말하고 있다. "걸음걸이는 흐르는 물과 같이 오가야 하며, 몸은 바르고 곧아야 하며, 머리는 들고 목은 고정하고 단정하며 꼿꼿해야 한다. 머리를 지나치게 흔들고 머리가 발보다 먼저 나가는 사람은 논밭을 다 깨고 없애버리며 늙어서 가난하게 지낸다."

### 2)앉은 자세

**무릇 앉은 자세는 남녀 모두 단정하고 엄숙해야 한다.**

앉아 있을 때는 몸을 민첩하게 움직여서는 안 되며, 발이 문란해도 안 되고, 머리가 아래로 늘어져서도 안 된다. 이 모두가 부족한 상이다. 앉아 있는 자세가 구릉과 같은 사람은 크게 귀하다. 앉아 있을 때 어깨는 둥글고 목은 바르며, 몸은 가지런하고 일어서고 앉는 것이 모두 자연스럽고 편안하면 이것은 모두가 귀인의 상이다. <시>에서는 다음과 같이 말하고 있다. "앉은 자세가 산과 같이 평온한 사람은 사람됨이 충성스럽고 효성스러우며 공훈(功勳)을 세운다. 앉아 있을 때 머리를 흔들 뿐만 아니라 발을 움직이는 사람은 두말할 필요도 없이 고집이 세고 어리석으며 비천하다."

### 3) 누운 자세

**눕는다는 것은 잠을 자면서 휴식을 취하는 것으로서 안정되어야 한다.**

무릇 누워 있는 자세가 용이 서려 있는 것과 같고, 개가 움츠리고 자는 것과 같으면 귀인의 상이다. 또한 잠을 잘 때 손으로 머리를 감싸는 사람은 법률에 밝으며 소송을 잘하고 변호사가 될 수 있으며, 잠을 잘 때 손과 다리를 길게 펴는 사람은 시신을 다루는 사람(염사)으로서 크게 좋은 상이 아니다. 잠을 자면서 꿈을 많이 꾸고 혼잣말을 자주 하는 사람은 거짓말로 사람을 잘 속인다. <상서>에 다음과 같이 이르고 있다. "꿈속에서 터무니없는 말을 많이 하기 때문에 남들 앞에서도 헛소리를 많이 한다". 자면서 등을 하늘로 향하는 사람은 요컨대 굶어 죽을상이며, 잠을 자면서 발을 흔드는 사람은 상류층에 속하는 사람의 상이다. 입을 벌리고 잠을 자는 사람은 주로 단명하며, 눈을 감지 않고 자는 사람은 횡사한다. <상서>에서는 다음과 같이 이르고 있다. "잠을 잘 때 눈을 뜨고 입을 벌리는 사람은 반드시 형벌이나 상해를 입는다. 은근하고 곡진하게 숨을 쉬며 자고, 또 말하거나 큰소리를 내며 자는 사람은 반드시 빈손으로 시작하여 집안을 일으키고 돈을 많이 벌어들인다."

**먹는 것이야말로 일생의 주가 되는 것이다.**

음식을 먹을 때 입은 열면 크고 다물면 작아야 하며, 빠르게 먹는 것이 좋은 상이다. 원숭이처럼 먹고 쥐처럼 먹는 것은 말할 가치조차 없고, 너무 많이 먹어서 목이 메면 반드시 일정한 주거나 생업이 없이 떠돌아다니며 지낸다. 돼지처럼 입으로 핥으면서 먹는 사람은 흉하게 죽는 것을 면하기가 어렵고, 말처럼 목을 쭉 내밀고 먹는 사람은 평생 고생을 하면서 바쁘게 지낸다.

<시[5]>에 다음과 같이 이르고 있다. "호랑이처럼 먹고 용처럼 먹으면 귀인이며, 만약에 목이 멜 정도로 너무 많이 먹으면 재난을 겪게 된다. 원숭이처럼 먹고 쥐처럼 먹으며, 개나 말처럼 먹으면 평생 깨지고 실패하여 성공할 수 없다."

## 5)말하는 모습

**언어와 음성은 다르다. 음성은 단전에서 나오고, 언어는 입술에서 나오기 때문에 종류가 서로 다르다.**

대범한 사람이 말을 할 때 입술과 혀가 어우러져 균형을 이루고, 머무르는 모습은 부드럽고 느슨하며, 치아가 밖으로 드러나지 않으면 좋은 상이다. 말을 할 때 조급하고 초조하며 혼란스럽고 들떠있으면 비천한 상이며, 평생 되는 일이 없다. <시>에서는 다음과 같이 이르고 있다. "말을 할 때는 균형이 있어야 하고 기색은 온화해야 하는데 귀인은 말이 적고 소인은 말이 많다. 말을 할 때 불이 넘

---

[5] 시「時經」시경을 말하며, BC 470년경 만들어진 고대 중국의 생활을 노래한 시집

쳐흐르듯 그치지 않으며, 입술이 어지럽게 움직이는 사람은 빈천하며 병에 잘 걸리고 고생을 많이 한다."

## 6)웃는 모습

**웃음은 기뻐서 마음에서 나온 것이니, 하루 종일 그치지 않고 웃거나 아무 데서나 웃어서는 안 된다.**

항상 쌀쌀하게 비웃는 사람은 꾀가 많고 지혜가 풍족하며, 마음을 감추어 밖으로 나타내지 않는 사람은 평생 가난하다.

<시>에서는 다음과 같이 이르고 있다. "입을 벌리고 웃으며 그 소리가 멀리 가면 현덕(賢德)이 있는 사람이며, 웃음소리가 목구멍에서 흘러나오면 간사한 사람이다. 만약에 웃음소리가 말이 울고 원숭이가 부르짖는 소리와 같으면 가난하고 고생하며 돈이 없는 사람이다."

**12궁 十二宮**

2장

삶

# 얼굴 주요 명칭과
# 위치

-
1. 삼정, 육부, 삼재의 위치와 의미
2. 오악(五岳), 사독(四瀆) 위치와 의미
2. 오성, 육요 위치와 의미
3. 십삼부위의 위치와 의미
4. 십이학당(十二學堂) 위치와 의미
5. 십이궁 위치와 의미
6. 유년운기 위치와 의미

# 2장 ◇ 얼굴 주요 명칭과 위치

## 1. 삼정, 육부, 삼재의 위치와 의미

1)상정(上停), 중정(中停), 하정(下停)

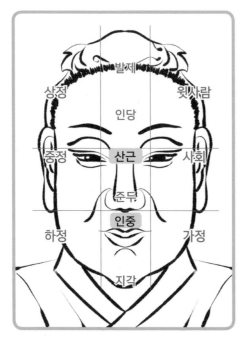

삼정이란 얼굴을 삼분하여 상부, 중부, 하부로 나눈 것이다.

상부를 상정(上停) 또는 천정(天停), 천재(天才)라 하고, 중부를 중정(中停) 또는 인정(人停), 인재(人才)라 하며, 하부를 하정(下停) 또는 지정(地停), 지재(地才)라 한다. 얼굴의 전체를 이마+뺨+턱=100%로 살피는데 어느 부분의 면적이 큰지를 따져 얼굴의 특징을 잡는다.

상정은 발제(髮際)에서 인당(印堂)까지로 초년운(15세-30세)을 지배하고, 중정은 산근(山根)에서 준두(準頭)까지로 중년운(35세-50세)을 지배하고, 하정은 인중(人中)에서 지각(地閣)까지로 말년운(51세-75세)을 지배한다. 14세 이전은 귀가 지배한다.

상정이 넓고 둥글면 귀하고, 넓고 높이 솟았으면 소년기에 이름을 떨친다.

상정은 손윗사람과의 관계를 암시하며, 미래가 표시되어 있다. 상정이 좋은 사람은 부모의 덕과 윗사람의 도움을 받아 성공한다.

중정이 바르고 두터우면 부와 장수를 누린다.

코가 풍후하고 현담(懸膽)처럼 생겼으면 중년에 부를 이룬다.

중정은 사회생활을 암시하며, 현재 자신의 처지를 나타낸다.

중정이 좋은 사람은 형제와 친구들의 덕을 많이 입는다.

하정이 풍후하여 앞으로 이곳에서 상정과 조공(朝貢)하면 말년에 부귀를 누린다. 또한 하정은 가정생활을 암시하며, 하정이 좋은 사람은 자녀 덕과 손아랫사람 덕이 많다. 인당(명궁)은 미간으로, 얼굴의 운을 살피는 가장 중요한 부위다. 길흉이나 소망, 쾌, 불쾌 모두 이 부위를 통해 알 수 있다.

## 2) 육부

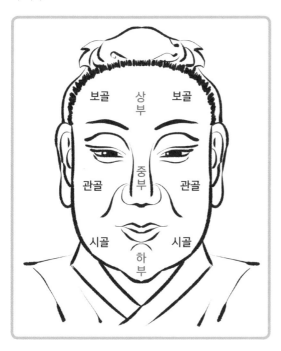

육부(六府)란 좌우 보골(輔骨), 좌우 관골(顴骨), 좌우 시골(腮骨)을 말한다. 육부(六腑)가 풍만하면 좋고, 내려앉고, 골이 불거지면 좋지 않다.

상부는 보골(輔骨)에서 천창(天倉)까지를 가리키며, 중부는 관골(顴骨)에서 명문(命門)까지이고, 하부는 시골(腮骨)에서 지각(地閣)까지다. 이곳이 꽉 차고 곧고 죽은 데가 없고 흠이 없으면 재복이 있다. 반대로 이곳이 함하고 흠이 있거나 주름 또는 검은 사마귀가 있으면 좋지 않다.

### 3) 삼재

이마, 코, 아래턱을 말한다.
이마는 하늘이며 둥글고 넓
으며 윤택하면 천자로서 귀
하고, 코는 얼굴의 가운데 축
이며, 바르고 가지런하면 인
자로서 장수하며, 아래턱은
땅이며 모가 나고 넓으면 지
자로서 부자가 된다.

## 2. 오악(五岳), 사독(四瀆) 위치와 의미

오악과 사독은 사람의 얼굴 부위를 각각 산과 강에 비유해 살피는 방법이다. 산
에 해당하는 부분은 이마, 코, 좌우 광대뼈, 턱으로 양(暘)의 에너지와 관련되어
있으며, 성격이나 재력, 권력 등이 나타난다.

강에 해당하는 부분은 두 귀와 두 눈, 콧구멍, 입으로 음(陰)의 에너지와 관련되
어 있으며, 정서나 감정 등을 나타낸다.

### 1) 오악(五岳)

오악(五岳)은 얼굴에서 우뚝 솟은 다섯 곳을 이르는 말로, 그 명칭은 중국의 오
대산(五大山)에 부합시킨 것이다.

- 왼쪽 광대뼈를 동악 태산(東岳泰山)이라 하고, 오른쪽 광대뼈를 서악 화산(西岳華山)이라 하며, 코를 중악 숭산(中岳崇山)이라 하고, 턱을 북악 항산(北岳恒山)이라 하며, 이마를 남악 형산(南岳衡山)이라 한다.
- 동악, 서악(양쪽 광대뼈)이 발달한 사람은 의지가 강해서 꾸준한 노력으로 성공하는 경우가 많다.
- 북악(턱)이 발달한 사람은 체력이 뛰어나며, 만년에 좋아지는 사람이 많다.
- 남악(이마)가 발달한 사람은 사물을 이성적으로 파악하고 수학적인 면이 뛰어나다. 사람들에게 존경받아 덕망이 두터운 사람이 많다.
- 오악은 골육(骨肉)이 풍만하면 부귀하고, 오악에 흉터나 사마귀가 있으면 좋지 않다.
- 남자는 왼쪽이 동쪽, 오른쪽이 서쪽, 이마가 남쪽, 턱이 북쪽이 되고, 여자는 남북은 남자와 같으나, 오른쪽이 동쪽, 왼쪽이 서쪽이 된다.*

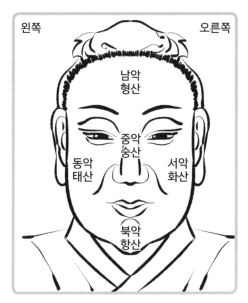

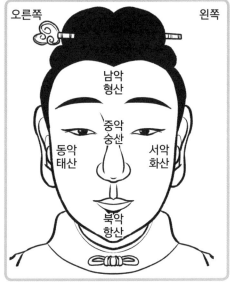

## 1)사독(四瀆)

사독(四瀆)이란 얼굴의 깊은 네 부분을 부르는 명칭이다.

- 눈을 하독(河瀆)이라 한다. 눈은 맑고 흑백이 분명하고 광채가 있어야 한다. 눈이 발달한 사람은 자기주장을 가진 밝은 성격의 소유자가 많다.
- 콧구멍을 제독(濟瀆)이라 한다. 콧구멍은 크되 훤히 보이지 않아야 좋다. 그리고 코가 발달한 사람은 활동적이고 정력적인 사람이 많다.
- 입을 회독(淮瀆)이라 한다. 입은 굳게 다물고 힘차며 살이 두터워야 좋다. 입이 발달한 사람은 견실하고 현실적인 사람이 많다.
- 귓구멍을 강독(江瀆)이라 한다. 귓구멍은 드러나지 않아야 좋다 (또는 드러나지 않게 해야 좋다). 귀(또는 귓구멍)가 발달한 사람은 장수하는 사람이 많다.

## 2. 오성, 육요 위치와 의미

### 1)오성(五星)

오성(五星)이란 금(金), 목(木), 수(水), 화(火), 토(土)를 이르니, 하늘에는 오성이 있고 땅에는 오행이 있다. 사람은 소천지(小天地)와 같으므로 오성이라 한다.

남녀의 오성 위치가 각기 다른데, 남성은 오른쪽 귀를 금성이라 하고, 왼쪽 귀를 목성이라 하며, 이마를 화성이라 하고 코를 토성이라 하며, 입을 수성이라 한다. 여성은 반대로 오른쪽 귀를 목성, 왼쪽 귀를 금성이라 하며, 그 외의 위치는 남성과 같이 칭한다.

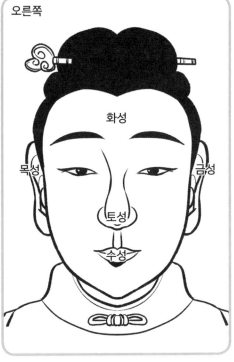

2) 육요

육요 역시 남녀의 위치가 각기 다르다.

남성의 오른쪽 눈은 태음이니 월요에 왼쪽 눈은 태양이니 일요에,
이마는 화성이니 화요에, 오른쪽 귀는 금성이니 금요에,
왼쪽 귀는 목성이니 목요에, 코는 토성이니 토요에 해당한다.

여성은 오른쪽 눈이 일요에 해당하고, 왼쪽 눈이 월요에 해당하며,
오른쪽 귀가 목요에 해당하고, 왼쪽 귀는 금요에 해당한다.
그 외의 부위는 남성과 같다.

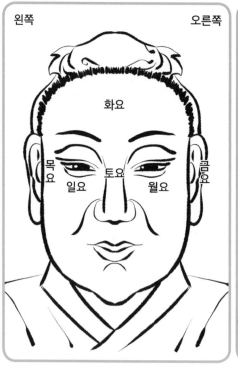

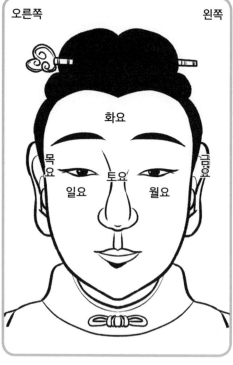

## 3. 십삼부위의 위치와 의미

### 1)13개 명칭 의미

얼굴의 삼정을 더욱 자세하게 나눈 것이 십삼부위다. 얼굴 정중앙에서 위에서 순서대로 천중(天中), 천정(天庭), 사공(司空), 중정(中正)이라 한다. 인당까지가 상정이고, 산근(山根), 연상(年上), 수상(壽上), 준두(準頭)까지가 중정이며, 인중(人中), 대해(大海), 승장(承漿), 지각(地閣)이 하정이다.

이 십삼부위는 생활에서 항상 주의해야 하며, 건강과 운명에 변화가 있으면 이 십삼부위 가운데 어딘가에 중요한 징후가 나타난다. 이 부위에 상처가 있거나 검은점이 나 있거나, 기색이 좋지 않으면 흉하며, 반대로 윤기가 나거나 기색이 좋으면 전체적으로 좋은 운이다.

상정에 무엇인가가 나타날 때는 손윗사람에 관한 일이 발생한다.

중정에 나타날 때는 본인의 건강이나 가정에 문제가 생길 가능성이 높다. 하정은 자식이나 직장의 부하직원, 직업이나 토지, 주택에 관한 것이다.

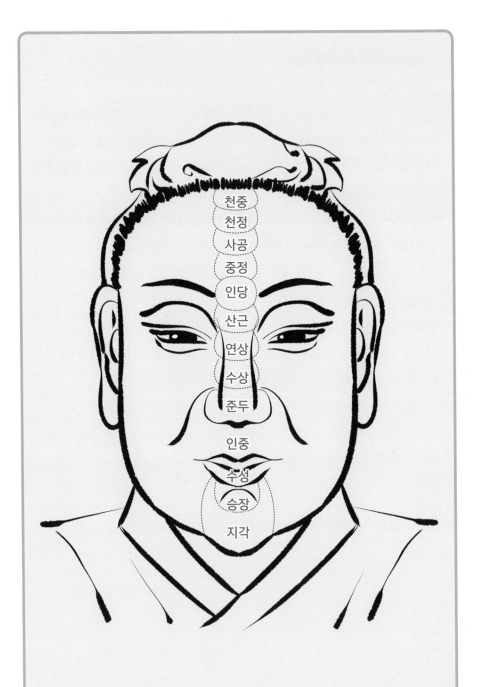

- 천중(天中): 얼굴 중앙의 가장 위쪽에 위치하고 존귀의 부위다.

  조상, 관공서 등을 의미한다.
- 천정(天庭): 하늘의 정원으로, 재판이나 관청, 윗사람에 관한 일을 의미한다.
- 사공(司空): 사공 역시 관청 및 윗사람 일에 관한 것을 나타낸다.
- 중정(中正): 이 역시 윗사람과의 일을 나타내고 코는 자기 자신,

  이마는 윗사람에 해당한다.
- 인당(印堂): 자기 자신이나 마음 상태, 타인과의 관계에 대한 길흉, 재난 등

  일신상의 길흉을 의미한다.
- 산근(山根): 질병이나 재난, 가정의 길흉이 나타난다.
- 연상(年上): 가정과 건강의 이상 유무를 나타낸다.
- 수상(壽上): 건강과 재물에 관한 상황을 나타낸다.
- 준두(準頭): 재물에 관한 사항을 나타낸다.
- 인중(人中): 자녀, 아랫사람에 관한 일을 나타낸다.
- 수성(水星): 가까운 이웃과의 관계, 창고, 문의 위치의 길흉을 나타낸다.
- 승장(承漿): 조상묘, 조부모집, 손자, 손녀집 도로의 길흉을 나타낸다.
- 지각(地閣): 토지와 건물, 주거에 관한 일을 나타낸다.

# 4. 십이학당(十二學堂) 위치와 의미

얼굴에는 사학당(四學堂)과 팔학당(八學堂)이 있으나 사학당은 눈, 이마, 입, 귀 앞, 팔학당은 머리, 액각(額角), 인당, 눈빛, 귀, 치아, 혀, 눈썹을 말한다. 사학당과 팔학당을 일컬어 십이학당(十二學堂)이라고 한다.


## 1.사학당(四學堂)

눈은 관학당(官學堂)이니 길고 맑으면 관록이 있고, 짧고 탁하면 천하다.

이마는 녹학당(祿學堂)이니 넓고 길면 관록을 얻고 장수하며, 좁고 짧으면 관운도 없고 단명한다.

입은 내학당(內學堂)이니 바르고 그르면 충효와 신의가 있고, 사이가 벌어져 있으면 간사하고 신의가 부족하다.

귀 앞은 외학당(外學堂)이니 풍만하고 명윤 하면 외교(外交)에 능하고, 어둡고 함하면 둔하다.


## 2.팔학당(八學堂)

머리는 고명학당(高明學堂)이니 둥글고 뼈가 솟았으면 귀상이요, 비뚤어지고 죽어 있으면 천상이다.

액각은 고광학당(高廣學堂)이니 골이 솟고 윤택하면 좋다.

인당은 광대학당(廣大學堂)이니 거울처럼 밝고 넓으면 학업을 성취하고, 흠이 있거나 좁으면 학업을 이루기 어렵다.

눈빛은 명수학당(明秀學堂)이니 흑광이 나면 귀상이요, 몽롱하면 천상이다.

귀는 총명학당(總明學堂)이니 귀의 윤곽이 분명하고 빛이 선명하면 총명하고, 윤곽에 결함이 있거나 색이 어두우면 좋지 않다.

치아는 충신학당(忠信學堂)이니 내학당과 같다.

혀는 광덕학당(廣德學堂)이니 혀가 길어서 준두에 닿고 붉으면 구덕(口德)이 있다.
눈썹은 반순학당(班笋學堂)이니 초승달과 같으면 길상이요, 산란하면 흉상이다.

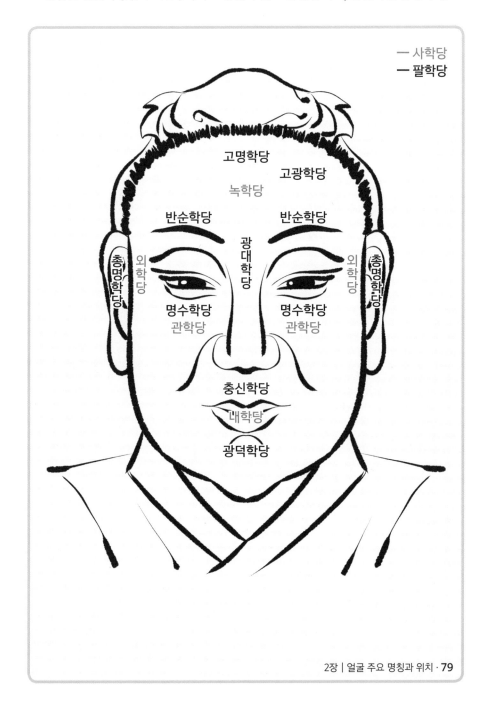

## 5. 십이궁 위치와 의미

### 1) 명궁(命宮)

명궁이란 곧 인당(印堂)이다. 양 미간을 이르니 중정(中正)의 아래 요, 산근(山根)의 위를 명궁이라 한다. 이곳은 주로 선천적으로 타 고난 학식이나 성격, 직업 등을 판 단한다. 명궁이 깨끗한 사람은 선 천적으로 좋은 운명을 타고난 사 람이요, 명궁이 깨끗하지 못하면 불운한 사람이다. 명궁이 원만하 여 밝기가 거울 같고, 산근이 끊어 지지 않고, 인당까지 연결된 사람 은 어떤 학문을 해도 성공할 수 있 다. 명궁이 쑥 들어가고 주름살이 있거나 흠이 있는 사람은 비관하기 쉽고 삶이 고달프다.

즉 명궁은 천연 자연궁으로, 운명의 강약과 후박(厚薄)을 살펴볼 수 있다.

또한 명궁은 기색(氣色)이 모이는 곳으로, 사람의 정신은 이곳에 모여서 표현된 다. 명궁은 머리의 제일선이라 해도 좋을 만큼 가장 중요한 곳이다. 그러므로 이 곳이 깨끗하고 좋으면 두뇌도 좋고, 이곳이 깨끗하지 못하면 머리가 나쁘다. 다 른 곳이 아무리 좋아도 두뇌가 좋지 못한 사람이 어찌 성공할 수 있겠는가? 이 처럼 명궁은 사람의 정신이 모이는 곳이므로 희로애락과 근심과 시름이 모두 명궁으로 표현된다.

기색을 살필 때는 인당과 준두가 가장 중요하다. 기쁠 때는 명궁이 환해지고, 슬플 때는 명궁이 찌푸려진다. 웃을 때나 슬플 때 모두 명궁에 표현된다. 그러므로 명궁을 잘 살피면 현재 상태를 잘 알 수 있다.

명궁이 깨끗하고 원만한 사람은 수명도 길다. 반면 명궁이 좋지 못한 사람은 그만큼 성격이 비관적인 까닭에 단명하기 쉽다. 사람의 인체로 볼 때 명궁은 가슴에 해당하는데, 명궁이 좋은 사람은 가슴도 넓고 건강하다. 반대로 명궁이 좁은 사람은 가슴이 좁아서 건강하지 못하다. 이처럼 명궁으로 사람의 수명을 판단할 수 있다.

서양의 학자는 명궁을 폐(肺)의 중추 기관이라 했고, 우리나라에서도 예부터 명궁이 좋은 사람은 소견(所見)이 넓다고 했다. 이해심이 많고 아량이 넓은 사람은 명궁이 확실히 넓다. 반면 이해심이 부족하고 자기 고집만 내세우는 사람은 명궁이 좁다. "소견이 자라 콧구멍만도 못하다."라는 속담이 있다. 이것은 어리석다는 말로, 명궁이 좁은 사람을 두고 한 말이다.

명궁이 넓고 밝고 깨끗하고 윤택한 사람은 신체가 건강하므로 수명이 긴 것은 정한 이치요, 좁고 어둡고 쑥 들어간 사람은 염세적이고 비관적이기 때문에 자살하거나 비관적인 삶을 사는 경우가 많다. 또 명궁이 지나치게 넓어서 보기 싫거나 눈썹이 인당 부근까지 나지 않고 뭉툭하게 생긴 사람도 많다. 이런 사람은 성질이 지나치게 허랑방탕해서 규모가 없는 생활을 하여 부모에게 많은 유산을 상속받았다 해도 탕진하기 쉽다.

그러므로 명궁은 지나치게 좁아서도 안 되지만 지나치게 넓어도 좋지 않다. 명궁이 원만하고 깨끗한 이는 건강해서 운도 좋고, 큰 사업을 성취하기 쉽고, 무슨 일을 해도 무리의 우두머리가 될 수 있다. 그러나 명궁이 좁은 사람은 건강하지 못하여 큰 사업을 하면 실패하기 쉬우니 자그마한 사업을 할 것을 권한다.

명궁에 흉터가 있거나 검은 사마귀 또는 점이 있는 사람은 직업을 여러 번 바꾸기 쉽다. 석가는 인당에 흰털이 나 있었다고 하는데, 사실은 검은 사마귀가 있었고, 그 귀에 털이 나 있었다. 이곳에 흑점이 있으면 가업을 물려 받지 못할 상으로, 부처는 인도의 왕위도 싫다 하고 부모의 간절한 부탁도 듣지 않고 출가하여 스님이 된 것이다. 명궁에 흑점이 있는 사람은 일찍이 승려가 되는 것이 상책일 것이다.

또한 명궁이 깨끗하고 좋은 사람을 양자(陽者)라 하고, 좁거나 깊은 사람을 음자(陰者)라 한다. 양자는 표면적으로 나타나서 원기 있게 활동하는 사람이므로 정치가나 군인, 실업가가 될 기질이 있지만 음자는 종교가나 교육자, 예술가, 철학자 등이 될 기질이 많다.

명궁에 흑점이 있어도 음자에 속한다. 이런 사람은 뜻밖의 큰일을 당하여 어떻게 처리해야 할지를 몰라 당황하는 경우가 많다. 그러나 작은 문제에 대해서는 차근차근 풀어나가는 성격이기 때문에 교육자나 종교가, 예술가, 철학자로서는 흑점이 있는 것이 오히려 좋을 수 있다. 석가는 출가했기 때문에 오히려 후세까지 이름을 떨친 것이다. 인당에 흑점이 있는 자식을 낳는다면 정치가나 실업가보다는 교육자나 예술가로 키우는 것이 훨씬 좋을 것이다.

이와 같이 명궁을 봐서 그 사람의 음양을 결정하는바, 음양이라는 말은 동양 철학의 옛 술어로, 현대어로 표현한다면 음은 소극적이요, 양은 적극적이다. 그러므로 그 사람의 명궁을 보아 적극적인 사람인지 소극적인 사람인지를 판단한다. 옛사람들이 인당을 제일 명궁이라 정한 것도 명궁이 관상에서 가장 중요한 부위이기 때문이다. 즉 운명과 신체 상태, 성질, 수명, 직업에 이르기까지 모두 이 인당의 상태로 추측할 수 있다.

인당은 공동(空洞)으로 신령의 숙소로 본다. 인당이 지나치게 발달해 있으면 외형적이며 자기주장대로 판단하여 타협할 줄 모르는 성격인 경우가 많다. 반대로 지나치게 빈약하면 형태 감각과 인식이 둔하고 자의적 판단력이 부족하다.

질병 면에서는 과대자인 경우 고혈압이나 경련성 질환, 정신 분열증, 두통이 잦고, 빈약자는 어지럼증, 저혈압, 신경쇠약, 불면, 심장 질환에 걸리기 쉬우며 감기도 잦은 편이다.

인당이 흑암색, 즉 불에 그을린 듯한 색을 띠면 운이 막힐 징조이며, 실연이나 실직, 손재 등을 당한다. 그러나 인당이 홍자색으로 맑으면 행운이 오고 질병에서도 회복된다. 인당이 갑자기 털을 뽑은 닭의 속살처럼 꺼칠꺼칠해지면 질병에 걸리거나 사업에 실패하거나 부부간에 다투기 쉽다. 반면 인당이 넓고 밝고 윤기가 있으면 명기다. 이 부위가 지나치게 좁으면 성 기능이 나쁘고, 이 부위의 색깔이 좋지 못해도 성 기능이 나쁘기 때문에 부부 관계에 대한 불만이 생긴다.

## 2) 재백궁(財帛宮)

재백궁

재백궁은 코를 말하는 것으로, 재산궁이라고도 한다. "귀 잘생긴 거지는 있어도 코 잘생긴 거지는 없다."라는 속담처럼 코야말로 얼굴 중앙의 장식이라 할 수 있다. 얼굴이 아무리 잘생겼어도 코가 좋지 못하면 얼굴이 깎이고, 얼굴이 비록 잘생기지 못했어도 코가 훌륭하면 얼굴이 돋보인다. 이처럼 코는 미관상 가장 중요한 곳이다.

귀는 유심히 보기 전에는 상처가 있든 짝짝이든 귀를 잘 알 수 없지만, 코는 얼굴 중앙에 있기 때문에 모양이 조금만 이상해도 바로 드러난다. 콧구멍이 조금만 커도 바로 알 수 있고, 높다 낮다 등으로 그 사람의 특징을 가장 빨리 알 수 있는 곳이기도 하다. 그래서 피부색을 살피는 데는 인당과 준두의 두 곳을 보아 길흉을 판단한다.

모양이 좋고 살집이 좋으며, 콧구멍이 드러나지 않고 보기 좋은 코가 재운이 좋다. 굽었거나 비틀어지고 지나치게 높거나 낮거나 살이 부족해서 뼈가 툭 불거진 상태는 좋지 않다. 또한 콧구멍이 훤히 보이는 사람은 재운이 거의 없다.

코가 얼굴에 비해 지나치게 작아도 좋지 않지만 지나치게 커도 좋지 않다. 얼굴 전체와 조화를 이뤄 마치 쓸개를 달아 놓은 듯 위쪽은 약간 가늘고 아래로 내려올수록 점점 커지는 코가 가장 좋다.

코의 상부인 두 눈 사이를 산근이라 하고, 콧대를 연상(年上), 수상(壽上)이라 하며, 콧마루를 준두(準頭)라 하고, 코끝 좌우를 난대정위(蘭臺廷尉)라 한다. 또는 난대를 금궤, 정위를 갑궤라 하기도 하는데, 금고라는 뜻이다.

코는 현담처럼 생기고 살이 뼈를 푹 감싸 주어야 한다. 이렇게 훌륭한 코를 가진 사람은 은행장이 되거나 큰 회사의 사장이 될 수 있다. 은행에 근무하는 직원 중 코가 못생긴 사람은 없다.

코가 크고 콧구멍도 큰 사람은 투기성이 있어 일확천금의 꿈을 꾸기 때문에 벌기도 잘하지만 손재도 많다. 콧구멍이 큰 사람은 낭비벽이 있어서 수중에 돈이 들어오면 쓸데없는 물건이라도 사는 경향이 있다.

반면 코가 매우 작은 사람은 큰 재산가가 될 수 없으며, 콧구멍이 작은 사람은 인색하다. 또 콧구멍이 큰 사람은 돈을 잘 빌려주지만, 콧구멍이 작은 사람은 돈을 쉽게 빌려주지 않는다. 코가 매우 뾰족하고 작고 짧고 살이 부족해서 뼈가 툭 불거진 사람은 비록 유산을 물려받는다고 해도 결국엔 패가하여 가난해진다. 대개 40~50세 사이에 재산이 없어져 그 후로는 고생한다.

코가 잘생긴 사람은 좋은 배우자와 행복하게 산다. 그러나 코가 굽었거나 추하게 생긴 사람은 좋은 배우자를 만날 수 없다. 이별을 하거나 사별하는 경우도 많다. 코에 검은 사마귀가 있거나 주름살, 흠이 있으면 아무리 좋은 코라도 운이 좋지 않다.

난대정위에 검은 점이 있으면 금고 속에 쥐가 들어가 돈을 갈아 먹는 것과 같아서 아무리 많은 돈이 생겨도 곧 나가 버린다. 검은 점뿐만 아니라 흠도 마찬가지다. 검은 점이 있으면 타인의 방해로 인해 실패하고, 흠이 있으면 본인의 성질이 지나치게 급해 실패한다.

검은 사마귀는 코에만 적용되는 것이 아니라 안면 전체에 적용된다. 또 후천적으로 상처를 입어 흠이 생기더라도 상처를 입는 순간의 진동으로 인해 뇌 신경에 영향을 미치므로 성질이 급하게 바뀐다. 그러므로 안면에 흠이 있으면 좋지 않다.

주름도 마찬가지이다. 콧등에 주름이 잡힌 사람은 재산이 쌓이지 않고, 자녀와의 인연도 적다. 콧등에 세로금이 있는 사람은 자식이 없어서 양자를 두는 경우가 많다. 자식이 있다 하더라도 자녀로 인해 재산을 손해 본다. 코에 자그마한 흠이 있어도 그만큼 재운에 흠이 생긴다. 또 아무리 가난한 사람이라도 자식의 코가 잘생겼으면 말년에 자식으로 인해 재산을 쌓을 수 있다. 혹은 사위나 며느리를 선택할 때 코에 흠이 있으면 그 사람으로 인해 패가할 수 있으니 사위나 며느리를 들일 때는 코의 선을 잘 살펴야 한다.

그러나 지금까지 말한 것은 일부분에 불과하므로 종합적으로 얼굴 전체를 살펴 판단해야 할 것이다. 코는 전체 운의 10%밖에 되지 않는다.

### 3) 관록궁(官祿宮)

관록궁이란 이마 전체를 말하는 것으로, 천정(天停), 사공(四空), 중정(中正) 등을 주로 본다. 관록궁이 아름답고 뼈가 죽지 않고 간을 엎어 놓은 것처럼 두둑하게 생긴 사람은 초년부터 관운이 좋아서 일찍 출세할 것이요, 높은 지위를 얻고 귀인의 천거함을 얻어 신분이 점점 향상되어 관록이 높아진다. 이와 반대로 이마가 쑥 들어가고 흠이 있고 더러운 사람은 초년고생이 많을 뿐만 아니라 평생

관운이 부족하며, 직장을 자주 옮길 뿐만 아니라 지위로 인해 늘 고민한다.

이마가 울룩불룩한 사람은 마음이 침착하지 못해서 어떤 곳에 일하든 얼마 가지 못해 곧 싫증을 내고 그만두게 된다. 이런 사람은 재산이 아무리 많아도 반드시 패하고, 혹 높은 지위에 올랐다 해도 곧 내놓는다.

관록궁은 십이궁 중에서도 가장 중요한 곳으로, 높은 지위를 가진 공무원이나, 직장의 임원이나, 사장의 경우 이마가 죽은 사람은 거의 없다. 해도 과언이 아니다. 아무리 훌륭한 학력과 좋은 배경을 가졌다 해도 이마가 죽은 사람은 좋은 지위를 오래 보전할 수 없다. 그러므로 얼굴 상을 볼 때 이마가 30점을 차지한다. 눈이 50점이고 코가 10점이며, 귀와 입이 각각 5점으로 100점 만점이 된다. 그

러므로 높은 벼슬을 하는 사람은 이마와 눈만 잘생겨도 80점이 되므로 성공할 수 있다.

고위관직자 에게는 특히 코보다 이마가 더 중요하다. 반대로 상인은 이마보다 코가 더 중요하다. 우리 속담에 "이마가 넓으면 공짜를 좋아한다."는 말이 있다. 이 말을 관상학적으로 해석해 보면 이마가 좋은 사람은 관록이 많기 때문에 자연스럽게 지위가 높아 대접을 받을 위치가 될 수 있어 공짜로 들어오는 것이 많다는 뜻이다.

여성은 이마를 통해 배우자의 운을 보는 것이 좋다. 여성의 이마가 높이 솟아 있으면 이른바 되박이마라 해서 좋지 않다. 이마는 죽은 데가 없고 넓어야 배우자궁이 좋다. 반대로 이마가 죽고 좁으면 재취로 시집갈 상이다. 이마 색이 검으면 배우자 운이 좋지 않다 큰 재앙이 올 수 있다. 남성의 이마가 검어지면 좌천이나 파직을 당하게 된다.

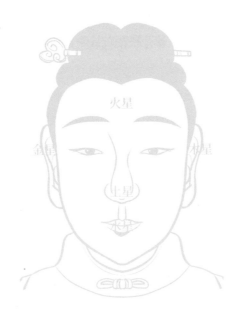

## 4) 복덕궁(福德宮)

복덕궁이란 이마의 양각과 천창지고(天倉地庫) 등을 보고 십이궁 전체와 안면 전체를 살펴야 하지만 주로 천창을 봐서 결정한다. 천창이 풍만하고 오악이 조공(五岳朝貢: 얼굴이 깎이지 않고 좌우 관골이 코를 폭 싸 주고 지각(地閣)이 안으로 이곳에서 이마를 바라봐야 하고 이마도 뒤로 자빠지지 않고 지각과 상응)하면 평생 복록이 많다. 또 천장과 하정이 힘을 보태면 덕행이 많고 오복(五福)이 넘친다.

오복이란. 첫째, 건강하고 오래 살 것이요, 둘째, 재산이 많고 지위가 높아서 할 것이요, 셋째는 부모 복이요, 넷째는 배우자 복이요, 다섯째는 자녀 복이 있어야 한다.

인생은 첫째, 오래 살고 볼 일이다. 일찍 죽는다면 모든 계획이 수포로 돌아가고 아무리 억만의 재산과 최고의 지위를 갖고 있다 한들 아무 쓸모가없다. 특히 건강하고 오래 살아야지 병약하면 오히려 불행하다. 이것은 옛날 사람이나 현대인이나 일치된 견해일 것이다.

둘째, 오래 살려면 재산이 필요하다. 재산이 없으면 오래 살아도 고생뿐 행복을 느낄 수 없다. 재산이 없으면 지위라도 높아야 한다. 대귀하면 굳이 돈을 모으려 하지 않아도 충분히 생활할 수 있다.

셋째, 부모 복을 타고나야 한다. 부모 복을 타고나지 못해 조실부모하는 것만큼 큰 불행은 없다. 사람은 동물과 달라서 학문을 닦아야 하는데 부모 복을 타고나지 못하면 배울 수가 없다. 그런 면에서 이마가 넓으면 부모덕이 있다 하고, 관록이 좋다고 한 것은 일리가 있다. 부모덕에 학문을 잘 배웠기 때문에 출세할 수 있는 것이다.

넷째, 배우자 복이 있어야 한다. 어린 자식들을 두고 상처를 당하는 것은 상상도 하기 싫을 것이다. 그 때문에 여성은 배우자 복이 있어야 한다.

다섯째, 자녀 복이 있어야 한다. 말년에 자녀가 없는 집은 유난히 쓸쓸하다. 혹 자녀가 있다 해도 부모에게 불효하거나 늘 병약하거나 또는 방탕해서 부모의 재산이나 탕진하는 자식은 오히려 없는 것만 못하니 자녀 복이 없다고 할 수 있다. 단 하나라도 훌륭한 자녀를 두는 것이 자식복이라 할 것이다.

복은 원래 눈에 보이지 않는 관념상의 술어이긴 하지만 이것은 유형의 인상(人相)으로서 알 수 있다. 복덕궁은 앞에서 말한 바의 천창, 지고, 액각만 볼 것이 아니라 안면 전체를 봐야 한다. 부모 복은 일월각 을 통해 알 수 있으며, 형제 덕은 두 눈썹으로 판단한다. 배우자 복은 간문(奸門)을 통해 알고, 자녀복은 와잠(臥蠶), 즉 아래 눈 뚜껑을 볼 것이요, 재물복은 코를 보고 관록은 이마를 봐서 판단해야 한다. 그러나 언제든지 국소적인 판단을 피하고 종합적인 판단을 해야 한다는 것을 잊어서는 안 된다.

## 5) 부모궁(父母宮)

부모궁은 두 눈에서 각 1촌가량 위에 있는 일각(日角)과 월각(月角)좌우의 보골(輔骨)을 이른다. 즉 사공에서 좌우로 각 1촌을 본다. 이곳이 높고 원만하며 빛이 명윤하면 부모가 장수하고 부모 복이 많다. 이와 반대로 이곳이 함몰되어 있고 빛이 침침하고 어두우면 조실부모하거나 부모가 생존해 있더라도 늘 병약해서 근심이 많다. 일각과 월각이 요함(凹陷)한 사람은 양친을 일찍 잃거나 한쪽 부모를 잃는다. 만약 이곳이 어두워서 빛이 검으면 부모가 늘 신병이 있어서 자리에 누워 있게 된다.(왼쪽 액각을 일각이라 하여 아버지의 운을 보고, 오른쪽 액각을 월각이라 하여 어머니 운을 본다. 여성은 반대로 본다)

일각이 월각보다 낮으면 아버지가 먼저 죽고, 월각이 일각보다 낮으면 어머니가 먼저 죽는다. 누구나 부모가 한날한시에 죽는 법은 없으므로 부모의 죽는 선후는 이렇게 판단한다. 그러므로 만일 자녀를 기를 때 그중 일각과 월각이 매우 깊이 죽은 자가 있으면 이는 선천적으로 부모 복을 타고나지 못한 것이니 일찍 출가하거나 양자로 들어가는 것이 전화위복이 될 것이다.

또한 눈썹이 이중으로 생긴 사람은 두 부모를 모신다. 눈썹은 형제궁으로 이중 눈썹은 이복 형제가 있을 수이니 이런 사람은 아버지가 재혼을 해 얻어서 자식이있거나 어머니가 먼저 죽고 계모가 자식을 낳는다. 만일 그렇지 않으면 아버지가 어머니와 자신도 모르게 외방(外房)에 자식을 두거나 어머니가 다른 남자와 간통하여 씨(氏)가 다른 자식을 낳는다.

머리가 비틀어지고 이마가 매우 좁은 사람 중에는 둘째 부인의 자식이거나 아버지가누구인지 모르는 사생아일 가능성도 높다.  부모가 없는 아이 경우 일각과 월각이 원만한 아이는 없다. 대개 이중 눈썹 아니면 일각과 월각이 요함하다.  또한 왼쪽 눈썹이 높고 오른쪽 눈썹이 낮으면 아버지는 살아 계시나어머니가 일찍 죽는다. 만일 왼쪽 눈썹이 위에 있고 오른쪽 눈썹이 아래에 있으면 아버지가 죽은 뒤 어머니가 반드시 재혼을 할 상이다.

이마가 깎이고 두 눈썹이 서로 붙었으면 부모를 일찍 버리는 상이다. 이것을 '격각살(隔角殺)'이라 하여 부자간에 의견 충돌이 심해서 원수처럼 미워하며 지낸다. 일각과 월각이 높이 솟고 원만하고 빛깔이 깨끗해야 부모가 온전하고 장수한다. 일각과 월각이 깊거나 죽고 깎이고 빛깔이 침침해서 어두운 사람은 부모와의 인연이 매우 박하다.

또 천중(天中) 다음 일각과 월각이 푸른색을 띠면 부모에게 걱정이 있고, 흰색을 띠면 부모의 복을 입거나 부모에게 관재(官災)가 있고, 검은색을 띠면 부모가 사망하거나 도난(盜難)을 당한다. 그리고 진한 붉은색을 띠면 부모가 구설을 듣거나 화재를 당한다. 연한 붉은색이나 황색, 보라색이면 좋다.

## 6) 형제궁(兄弟宮)

형제궁

형제궁이란 눈썹을 말한다. 형제란 좁은 의미에서 형제자매를 가리키지만 넓은 의미에서는 친구까지 속하고, 더 범위를 넓히면 사해 동포 모두 형제에 속한다.

형제궁은 눈썹으로 판단하는 바 눈썹으로 형제의 유무를 결정한다고 해도 틀리지 않다. 대개 형제가 많은 사람은 눈썹이 많고, 형제가 적은 사람은 눈썹이 부족하기 때문이다. 눈썹이 초승달처럼 아름답고 눈을 잘 덮고 있으면 형제가 3~4명이 넘을 뿐만 아니라 모두 훌륭하게 성장해 화목하게 산다.

마의 선생이 이르기를 "눈썹이 길어 눈을 지나면 3,4명의 형제가 있다."고 했다. 이런 사람은 우애가 좋을 뿐만 아니라 친구 간에도 화목하고 서로 사랑하고 친해서 교제도 잘하며, 협동심도 많아 세상을 즐겁게 산다. 비단 친구 사이뿐만 아니라 가정에서도 화목하고 이웃 간에도 분쟁을 일으키지 않으며, 모든 것을 타협할 줄 알기 때문에 자연스럽게 인덕도 쌓인다.

이와 반대로 눈썹이 산란하거나 극히 드물고 지저분해서 보기 흉한 사람은 형제간의 인연이 박하고 참을성이 없으며 융통성이 적어 자기주장만 내세우는 경우가 많다. 자연스럽게 인덕도 박하고, 형제자매 없이 독신으로 살거나 형제가 있다 해도 형제간에 불목하다. 또한 사교성이 부족해서 항상 고독을 느낀다.

또 눈썹의 첫머리가 닭이 싸울 때 털이 선 것처럼 역립(逆立)된 자는 자신의 일신만 생각하기 때문에 형제간의 우애가 전혀 없다.

언제나 내가 제일이라는 생각으로 살기 때문에 처세하는 데도 많은 적을 두게 되고, 부하 중에도 심복을 두지 못해 항상 성공이 무덕이다.

눈썹은 그 사람의 마음을 표현한다. 그래서 눈썹이 아름다운 사람은 마음도 아름답고, 눈썹이 거친 사람은 마음 또한 거칠다. 눈썹이 높이 난 사람은 그 마음도 고상하고, 눈썹이 낮게 난 이는 그 마음도 야비하다.


서양에서는 눈썹을 보고 그 사람의 인물과 학식을 판정한다. 눈썹이 깨끗하고 초승달처럼 아름다운 사람은 학식이 뛰어나고 인품이 훌륭하다고 해도 틀림이 없다. 반면 눈썹이 잘록하고 산란한 사람은 학식이 부족하다. 혹 부모덕으로 학문을 닦는다고 해도 비속(卑俗)에 흘러서 크게 성공할 수 없다.

눈썹은 마치 주택의 지붕과 같아서 눈썹이 부족하면 지붕이 집을 잘 덮어 주지 못해 비바람이 방으로 들이치듯 풍파가 많다. 그래서 옛 사람들은 눈썹을 화개(華蓋)라 하고, 눈을 전택(田宅)이라 했다.

여성의 눈썹이 극히 희박하면 배우자 복도 없고 자식 복도 없으며, 재운도 부족하고 의식주도 부족하여 평생 고독하다. 이런 사람은 눈썹을 보기 좋게 그리거나 마음을 수양하면 어느 정도 고독을 면하게 될 것이다.

## 7) 처첩궁(妻妾宮)

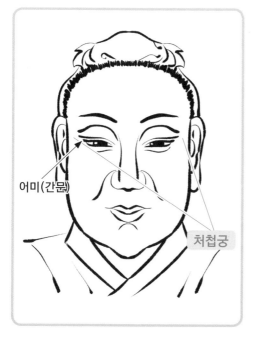

어미(간문)

처첩궁

처첩궁이란 부부궁을 말하는 것으로, 사랑의 성취나 결혼 후를 암시하고, 연애와 부부관계의 좋고 나쁨을 살피는 부위다. 부부궁은 눈 끝으로 보는데, 이 부분을 간문(奸門) 또는 어미(魚尾)라고도 하는데, 어미라는 명칭은 사람의 눈을 유심히 보면 눈 꼬리에 두세 개의 금이 있어 마치 고기 꼬리와 비슷하다 하여 붙여진 이름이다.

어미는 소양, 소음의 바로 다음이요, 간문은 어미의 바로 다음으로, 눈꼬리에서 살적 부근까지를 부른다.

간문과 어미는 와잠과 함께 가정 운을 보는 데 가장 중요한 부위다. 간문이 깨끗하고 풍후(豊厚)한 사람은 좋은 배우자를 만나게 되고 부부간에 화목하다.

보는 법은 남성은 왼쪽을 배우자로 보고 오른쪽을 자신으로 본다. 여성은 왼쪽을 자신으로 보고 오른쪽을 배우자로 본다.

만일 간문에 주름살이 많거나 열십자문(十字紋) 또는 정자문(井字紋)이 있으면 부부의 인연이 박하다. 부부간에 이상이 맞지 않아 늘 의견이 충돌하고 배신하는 일이 많으며, 혹 인내하고 산다 해도 늘 불만이 많다. 또 검은 점이 있거나 흠이 있으면 악한 배우자를 만나게 되어 가정에 즐거움이 없고 늘 우울하게 지낸다.

남성의 오른쪽에 검은 점이나 흠이 있으면 남성 쪽에서 먼저 불평을 하고, 왼쪽이 그러하면 배우자 편에서 불평불만이 생긴다. 여성은 왼쪽에 있으면 여성 쪽에서 먼저 불평을 하고, 오른쪽에 있으면 배우자가 먼저 불평을 한다. 동기가 어쨌든 간에 부부간에 불화가 심해서 이별하기 쉽고, 이별하지 않더라도 일생을 고통스럽게 지내게 된다. 혹 부부간에 추구하는 바가 맞아 행복하게 산다 해도 건강이나 뜻밖의 재난으로 인해 생리사별(生離死別) 하는 경우가 많다.

부부의 간문이 나쁘다고 해서 또는 부부간에 이상이 맞지 않는다고 해서 경솔한 행동을 하는 것은 삼가야 한다. 누구나 처음에는 좋은 얼굴을 가지고 있더라도 행동이 좋지 못하면 얼굴이 점점 악하게 변하고, 행동이 선량하면 비록 검은 점이나 흠이 있어도 점점 윤택해져서 운명도 좋게 바뀐다.

원래 검은 점이나 주름, 흠은 불길한 징조이나 윤택하면 좋다. 남녀를 막론하고 결혼 전에 한창 혼담이 성숙해지면 간문의 빛이 벚꽃처럼 좋아진다. 색이 좋아지면 좋은 배우자를 만나게 되고, 반대로 색이 검어지면 좋지 못한 배우자를 만나게 된다.

관상학상 남녀의 궁합은 남성의 얼굴이 둥글면 여성은 길거나 모진 얼굴이 좋고, 남성이 모질거나 긴 얼굴이면 여성은 둥근 얼굴이 좋다. 부부가 화목하면 간문이 윤택하고 불화하면 간문이 검어진다. 만약 남편이 바람을 자주 피우면 아내의 간문에 푸른 기운이 돌고, 아내가 부정해서 간통하면 그 남편의 간문이 청흑색이 된다.

남녀 간에 눈에 살기가 있으면 반드시 상부(喪夫)나 상처(喪妻)하게 된다. 이런 사람은 대개 간문이 움푹 들어가 있다. 간문이 나빠도 빛이 윤택하면 액을 면한다.

## 8) 남녀궁(男女宮)

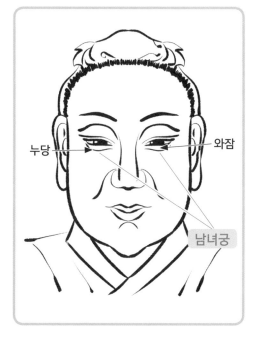

누당

와잠

남녀궁

남녀궁이란 두 눈의 아래로, 와잠이라고 하며, 아래 눈꺼풀이나 눌러 봐서 뼈가 없는 곳을 이른다. 자녀의 유무와 덕부덕(德不德), 남녀 관계와 정력의 강약 등을 살피는 곳이다. 와잠의 아래 선을 누당이라고 하며, 와잠과 누당을 산대라고도 한다.

남녀 간에 성병이 있으면 와잠이 검다. 부정하는 남성이나 화류계 여성은 대개 와잠이 검고 푸른 경우가 많다. 어떤 사람을 막론하고 이곳의 빛이 윤택하고 불그레하여 빛이 좋은 사람은 반드시 아들을 둔다. 이와 반대로 이곳이 움푹 패이거나 마르고 검은 빛이 도는 사람은 자식을 두지 못한다.

와잠이나 누당에 검은 사마귀가 있어도 자식운이 좋지 않으며, 비록 많이 낳는다고 해도 죽거나 멀리 나가 버려 자식이 없는 것과 같다. 또한 와잠에 검은 사마귀나 점이 있으면 그것의 크기만큼 불륜 욕구도 강하다.

누당에 상처가 있으면 자녀 운을 타고나지 않으며, 종기가 있으면 아이가 중병에 걸릴 징조다. 그리고 와잠에 바늘처럼 긴 금이 있거나 우물 정(井)자 모양이 있거나 불룩한 살이 있으면 자녀가 없거나, 자녀를 생산한다고 해도 불행한 일로 잃을 수 있다.

또한 와잠과 누당이 함몰되어 있으면 신경쇠약으로 잠이 많으며, 누당에 생기를 잃은 검은 점이 있으면 잔걱정이 많고 다음하므로 소음 신경을 개선해야 한다. 그리고 와잠과 누당에 진갈색 얼룩이 있으면 스트레스가 많고, 과음하게 되므로, 간경을 개선해야 한다.

와잠이 명윤하고 깨끗한 사람은 음덕을 많이 베푸는 자로 마음이 바르고 타인을 잘 돌보며, 와잠이 검푸르거나 지저분한 사람은 음덕(陰德)의 반대인 음악(陰惡)의 징조다. 입으로는 정의를 말하나 속마음은 그렇지 않다. 이는 부모의 심신이 고르지 못한 결과로 임신(妊娠)하여 생긴 사람이다.

와잠은 의학적으로 남녀의 성이 표현되는 곳이다. 그래서 성병에 걸리면 반드시 와잠이 검푸른 색을 띤다. 성병이 없는 사람이라도 난색(亂色)하는 사람은 와잠이 검푸르다. 건강한 사람도 남녀 간에 성교하고 나면 와잠이 약간 암색(暗色)을 띠는데 이는 일시적인 현상이라 시간이 지나면 곧 없어진다. 그러나 탕남(蕩男)과 탕녀(蕩女)는 근본적인 색상을 가지고 있기 때문에 생식기에 질병이 생겨서 빛이 맑아지지 않는다. 그래서 임신을 해도 유산을 하기 쉽고 자식을 두지 못하는 경우가 많다. 또 자궁에 암이 생기거나 냉적(冷積)이 있을 때는 와잠의 색이 몹시 검은 빛을 띤다. 부부간에 화합하고 오입하지 않고 난색 하지 않고 자녀가 많고 건강한 사람치고 와잠이 검거나 푸른 사람은 없다. 모두 명윤하고 빛깔이 윤택하다.

와잠이 빛깔은 좋은데 주름살이 있거나 우물 정자 모양이 있는 사람은 자식을 두지 못한다. 이런 사람은 마음씨는 좋아도 자식 복을 타고나지 못해, 병약(病弱) 불구의 자녀를 낳게 된다.

만물의 영장인 인간에게 있어 가장 보배는 재산이나 명예, 지위보다도 건실한 자녀를 많이 두는 데 있을 것이다. 건강한 자녀를 생산하려면 부부 생활이 건전해야 한다. 그런데 많은 사람이 이 기본 원칙을 모르기 때문에 준비 없이 임신해

서 삼백안(三白眼), 사백안(四白眼)의 자녀를 낳게 되니 참으로 안타깝다. 사백
안을 가진 아이는 성을 잘 내고 잘 놀다가도 갑자기 돌을 던지거나 때리고 성질
이 좋지 못하여 몸이 잘못되거나 횡액(橫厄)으로 악사(惡死) 하는 경우가 많다.
장성하더라도 부부간에 화목하지 못하고 생이별이나 사별하는 경우가 많다. 그
래서 마의 선생은 "눈에 흰자위가 많으면 흉악하게 죽는다."고 했다.

눈 주위가 검은 사람은 의학적으로 자궁 질환이 있거나 신장이 나쁘다. 매춘부
들의 경우 눈이 탁하고 눈 주위가 더럽기 때문에 좋은 자녀가 태어날 수 없다.

그러나 매춘부라 할지라도 계속해서 음덕을 쌓고 성 관계를 적당히 조절하면
훌륭한 자녀를 둘 수 있다. 또 눈 주위가 검다 해도 개선하기 위해 노력하면 얼
마 안 가서 눈 주위가 깨끗해질 수 있다. 그리고 눈 주위가 검거나 사마귀가 있
다고 해서 비관하지 말 것이다. 검은 점도 윤택하면 좋다. 상이란 변하기 때문
이다. 선천적으로 타고난 운명을 고칠 수 없다고 생각하는 사람도 있으나 상은
계속해서 변하기 때문이다.

## 9) 노복궁(奴僕宮)

노복궁 노복궁은 턱을 말하는 것으로, 사회생활에서는 직장의 아랫사람 (부하 궁)이라고 생각하면 된다. 턱이 모지고 두꺼운 사람은 부하가 많고, 턱이 좁고 뾰족한 사람은 부하와의 인연이 적다. 이중 턱인 사람은 많은 부하를 통솔할 수 있으며, 턱이 두텁고 넓은 사람은 여러 사람의 리드가 될 수 있다. 반면 턱에 검은 점이 있는 사람은 부하로 인해 손해보기 쉽다. 턱에 흠이 있는 사람 또한 부하로 인해 실패하기 쉽다. 또 턱이 마치 뱀처럼 뾰족한 송곳 턱을 가진 사람은 부하를 두기 어려우므로 학문을 연구하는 학자나 길을 가는 것이 좋다. 턱이 풍후(豊厚)하고 넓은 사람은 좋은 처와 많은 아랫사람을 거느리는 경우가 많다.

턱이 매우 작고 뾰족해도 많은 부하를 부릴 수 있긴 하지만 오래가기는 힘들다. 재산을 잃어 아랫사람들이 모두 흩어지거나 배반하는 자가 생겨 재산상의 손해를 본다.

그러므로 부하를 부릴 수 있는 사람은 턱이 풍후해야 하고, 턱이 뾰족한 사람은 부하를 부리기보다 오히려 타인의 부하로 있는 것이 낫다.

턱을 통해서는 부하궁뿐만 아니라 자식 덕의 유무도 살필 수 있다. 와잠이 좋아도 턱이 부족한 사람은 아들이 부족하고, 와잠이 약간 부족해도 턱이 좋은 사람은 늦게라도 손자 같은 아들을 두는 경우가 많다. 턱은 두터우며 하나여야 좋다. 턱이 좋으면 만년에도 활동력이 왕성해서 재운이 좋고, 턱이 부족한 사람은 50세 이후에 중년 활동력이 떨어져 재운이 약하고 병약해진다.

## 10) 질액궁(疾厄宮)

질액궁은 산근을 말하는 것으로 산근은 인당의 아래요, 두 눈 사이의 콧뿌리를 말한다. 옛말에 "하늘에는 측량할 수 없는 비와 바람이 있고, 사람에게는 아침 저녁의 복과 재앙이 있다."고 했다.

기상 관측을 통해 바람이 불고 비가 내리는 것을 예측할 수 있듯이 사람의 화복도 질액궁을 살피고 기색을 살피면 미리 알 수 있다는 것이다.

산근이 깨끗하고 끊어지지 않으면 질병에 잘 걸리지 않고 무사 편안히 인생을 살 수 있다. 하지만 산근이 깊거나 끊어진 사람은 병에 걸리기 쉽다.

또 검은 점이 있거나 흠이 있는 사람은 일생 신병을 면하기 어렵다.

목적한 것이 깨지고 배우자, 자식과 이별하거나, 거주지를 자주 옮기며 재산을 탕진하고 고생을 많이 한다. 특히 산근이 약한 사람은 부모의 유산이 없다.

있다 해도 22~41세 사이에 날아가 버린다.

산근에 흠이 있는 사람은 학문을 많이 닦았다 해도 산근이 좋은 사람에게 밀린다. 한창 경쟁 중에 병액에 걸려 발전이 멈추는 수가 많기 때문이다. 이처럼 산근이 약한 사람은 항상 병을 조심하고 수양을 쌓아야 한다.

산근이 죽었다고 비관할 것은 없다. 각별히 건강에 유의하면 약한 산근이라도 윤택해져서 병액이 침입하지 못한다. 특히 위장병이 있으면 산근과 연수가 검고 푸르다는 것을 유념해야 한다.

산근이 높으면 책임감이 강하고, 아랫사람을 돌보기 좋아한다. 산근이 낮으면 책임감이 약하고 의지가 박약하며, 타인에게 책임을 전가하기 때문에 만년에 고독하며 생활고를 겪는다.

산근이 너무 높으면 사람이 좋다는 소리를 듣지만, 보증으로 패가망신한다. 또한 검은 점이나 사마귀는 다음(多淫)의 상으로 이성으로 인해 망신을 당하거나 건강을 해친다. 산근에 1개의 주름이 있으면 주위 사람으로부터 추천되어 출세하거나 단체의 리더가 되고, 여러 개의 주름은 고독한 관상으로 늦게 결혼한다.

## 11) 천이궁(遷移宮)

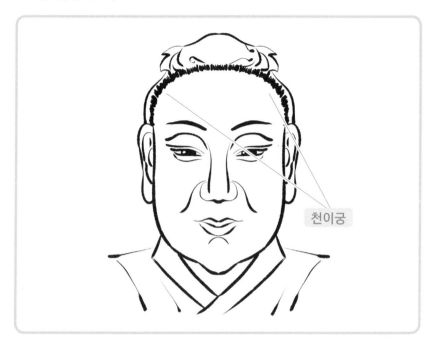

천이궁

천이궁이란 좌우 눈썹 끝에서부터 비껴서 천창, 역마 부위를 말한다. 천이는 글자 그대로 옮기고 이사하는 것을 말한다.

천이궁이 깨끗하고 흠이 없고 뼈가 들어가지 않고 살이 풍만하면 태어난 곳에서 인생을 안락하게 살 수 있다. 이와 반대로 이곳이 움푹 들어가 있으면 이사를 자주 한다. 그래서 예부터 천이궁을 통해 여행이나 이사, 이동 등 각인의 동정을 살폈다. 집을 자주 옮기는 사람들은 이곳이 움푹 들어간 경우가 많다. 천이궁에 검은 점이나 흠이 있는 사람은 여행이나 이동을 하면 실패하기 쉽고, 이것이 풍만한 사람은 이동하면 대길하다.

천이궁으로는 이동 관계만 보는 것이 아니라 미래의 흥망성쇠도 살핀다. 이곳이 풍만하고 깨끗한 사람은 더욱 향상하고 발전할 것이요, 이곳이 요함하고 잡색이 있는 사람은 이사하면 패할 가능성이 높다. 행여 요함하더라도 기색만 깨끗하면 이사해도 손해가 없다.

또한 천이궁이 풍만하여 아름다운 사람은 늙을수록 복이 많고 금세에서뿐만 아니라 내세로 가는 데도 영전한다고 한다.

또한 천이궁은 천창에 해당하므로 이곳이 풍만하면 선대의 유산도 많다. 얼굴을 사람의 인체의 한 부분으로 본다면 이마는 머리가 되고, 인당은 목구멍이 되며, 눈썹은 손이 되고 코는 내장이 되며, 법령은 발이 된다.

그러므로 법령에 검은 점이 있으면 발에 문제가 생기고, 인당에 검은 점이 있으면 인후에 문제가 생기며, 코에 검은 점이 있으면 위장병이 생긴다. 천이궁은 손이 되므로 항상 움직이게 된다.

## 12) 전택궁(田宅宮)

전택궁이란 두 눈, 그중에서도 특히 두 눈의 위 눈꺼풀을 말하며, 주택이라고 보면 될 것이다. 이곳이 아름다운 사람은 좋은 주택을 가질 수 있다. 이와 반대로

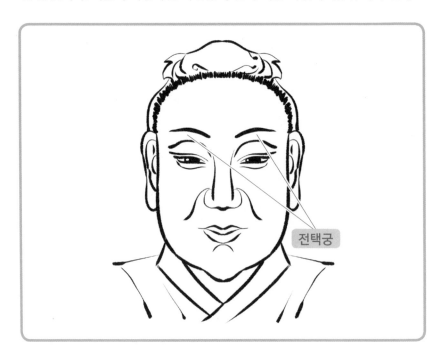

전택궁이 좋지 못한 사람은 좋은 주택을 가질 수 없다. 또 전택궁에 흠이 있거나 검은 점이 있으면 주택을 여러 번 변경한다.

좋은 주택을 가질 수 있는 것은 부모의 인연이므로 전택은 두 눈과 함께 부모를 본다. 그러므로 이곳이 아름다우면 부모궁도 좋고 선조 운도 좋다. 반대로 전택궁이 나쁜 사람은 부모와 선조의 운이 좋지 못하다.

전택궁에 흠이 있으면 부모와 일찍 이별한다. 전택궁이 넓고 깨끗한 사람은 마음이 정직하고 신앙이 깊다. 대개 종교를 믿는 사람은 전택궁이 넓지만 물질만 주장하는 사람은 전택궁이 좁다. 그러나 종교가 중에도 전택궁이 좋은 사람이 있는 만큼 종교가라고 해서 전택궁이 전부 넓은 것은 아니다. 신앙심이 두터운 사람은 대체로 전택궁이 넓고, 신앙심이 적은 사람은 전택궁이 좁다. 전택궁이 좁은 종교가는 선천적으로 자신의 부모가 믿는 종교를 습관상 믿고 있을 뿐 신앙심이 두터워서 믿는 것은 아닐 것이기 때문이다. 만일 자기부터 종교를 믿기 시작한 사람이라면 일시적 호기심에 종교를 떠나게 될 우려가 있다. 어쨌든 눈이 보배라는 말처럼 눈이 좋아야 큰 성공을 이룰 수 있고, 큰 성공을 해야 좋은 주택을 가질 수 있다.

# 6. 유년운기 위치와 의미

## 1)100개 명칭과 의미

유년의 운기를 알려면 각 부분을 나누어 남성은 왼쪽,

여성은 오른쪽을 보면 된다.

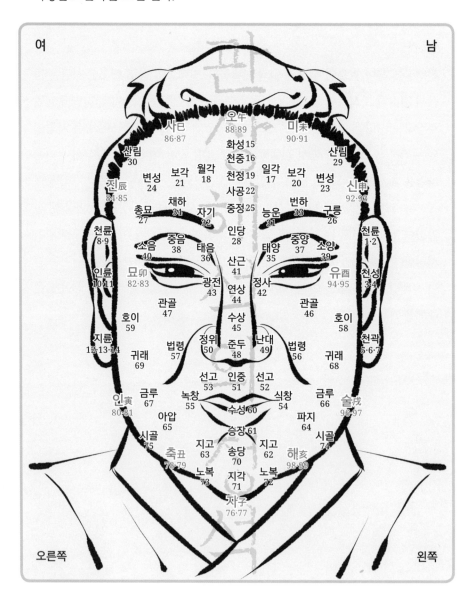

◇ 1~2세는 **천륜(天倫)**으로 초년 운이며,

◇ 3~4세는 두루 흘러 **천성(天城)**에 이른다.

◇ 5~7세는 **천곽(天廓)**에 드리운 아름다운 주렴이고,

◇ 8~9세는 **천륜(天輪)** 위에 있다.


◇ 10~11세는 **인륜(人輪)**으로 윤곽이 높아져 모양을 이루며,

◇ 12~14세는 **지륜(地輪)**으로 수명과 건강, 평안함을 살핀다.

◇ 15세는 **화성(火星)**으로 정액이고,

◇ 16세는 **천중(天中)**으로 뼈를 이룬다.

◇ 17~18세는 **일월각(日月角)**이며,

◇ 19세가 되면 운이 **천정(天庭)**에 응한다.


◇ 20~21세는 **보각(輔角)**,

◇ 22세는 **사공(司空)**에 이른다.

◇ 23~24세는 **변성(邊城)**의 땅이고,

◇ 25세는 **중정(中正)**과 만난다.

◇ 26세는 **구릉(丘陵)**이 주관하고,

◇ 27세는 **총묘(塚墓)**를 본다.

◇ 28세는 **인당(印堂)**에서 만나고,

◇ 29~30세는 **산림(山林)**의 부위다.


◇ 31세는 **능운(凌雲)**의 길이며,

◇ 32세는 **자기(紫器)**가 일어난다.

◇ 33세는 **번하(繁霞)**의 위를 가며,

◇ 34세는 **채하(彩霞)**의 밝음에 나타난다.

◇ 35세는 **태양(太陽)**에 있고,

◇ 36세는 **태음(太陰)**에서 모인다.

◇ 37세는 중양(中陽)의 정위이고,

◇ 38세는 중음(中陰)으로 형을 주관한다.

◇ 39세는 소양(少陽)의 해이며,

◇ 40세는 소음(少陰)으로 마땅히 참을 본다.

◇ 41세는 산근(山根)의 길이 멀고,

◇ 42세는 정사(情舍)의 궁을 이룬다.

◇ 43세는 광전(光殿)에 오르고,

◇ 44세는 연상(年上)에 더한다.

◇ 45세는 수상(壽上)을 만나고,

◇ 46~47세는 두 관골(顴骨)의 궁이다.

◇ 48세에 준두(準頭)가 기쁘게 있으며,

◇ 49세에는 난대(蘭台)로 들어간다.

◇ 50세는 정위(廷尉)와 서로 만나고,

◇ 51세에는 인중(人中)이 사람을 두렵게 한다.

◇ 52~53세는 선고(仙庫)에 있으며,

◇ 54세에는 식창(食倉)이 가득하다.

◇ 55세는 녹창(綠倉)의 쌀을 청해 얻고,

◇ 56~57세는 법령(法令)이 밝힌다.

◇ 58~59세는 호이(虎耳)에서 만나고,

◇ 60세에는 수성(水星)을 만난다.

◇ 61세는 승장(承漿)에 있고,

◇ 62~63세는 지고(地庫)에서 만난다.

◇ 64세는 파지(波池) 안에 있고,

◇ 65세는 아압(鵝鴨)이 우는 곳에 있다.

◇ 66~67세는 금루(金縷)를 꿰뚫고,

◇ 68~69세는 **귀래(歸來)**와 응한다.

◇ 70세에는 **송당(頌堂)**을 만나고,

◇ 71세에는 **지각(地閣)**을 보탠다.

◇ 72~72세에는 **노복(奴僕)**이 많고,

◇ 74~75세에는 **시골(腮骨)**이 같다.

◇ 76~77세에는 **자(子)**의 위치에 있고,

◇ 78~79세에는 **축(丑)**으로 소가 밭을 가는 것과 같다.

◇ 80~81세에는 호랑이가 **인(寅)**궁을 다스려 영에 치우친다.

◇ 82~83세는 **묘(卯)**로 토궁이다.

◇ 84~85세는 **진(辰)**으로 용처럼 나아가며,

◇ 86~87세는 **사(巳)**로 사궁에 든다.

◇ 88~89세는 **오(午)**로 말처럼 가볍고,

◇ 90~91세는 **미(未)**로 양처럼 환하다.

◇ 92~93세는 **신(申)**으로 원숭이가 열매를 맺고,

◇ 94~95세는 **유(酉)**로 닭소리를 듣는다.

◇ 96~97세는 **술(戌)**로 개가 달을 보고 짖으며,

◇ 98~99세는 **해(亥)**로 돼지가 삼킨다.

만약 수명이 100세를 넘기면 하늘의 뜻을 따라가고, 1세부터 다시 운세가 시작한다.

얼굴에 주름이나 사마귀 같은 흠이 많으면 인생이 순탄치 못하므로, 주변 사람들 에게 베풀고 살아야 장수할 수 있다. 신체의 건강은 스스로 만드는 것, 다시 운이 좋은 때가 되면 해당하는 얼굴 부위의 기색이 빛난다. 오악과 사독이 서로 높고 낮음이 조화를 이루면 세상에 이름을 떨치고 모든 일이 잘된다.

◇────────────────────────────

# 이목구비(耳目口鼻)로 본 관상

-

1. 귀
2. 눈
3. 입
4. 코

# 3장 ◇ 이목구비(耳目口鼻)로 본 관상

## 1. 귀

오관(五官)은 귀, 눈, 입, 코, 눈썹으로서, 귀를 오관 중 맨 먼저 놓는다.

귀는 오관의 근본으로서 생명력의 뿌리를 이루며, 심성과 음덕을 이루는 바탕이 되기 때문이다. 귀는 주로 15세 이전의 초년 운을 지배하여 부모의 음덕과 조상의 기운을 담은 기틀이 되고, 얼굴의 옆면에 있으면서 자신을 방어해준다. 다른 부위는 정면에 함께 모여 있는데 귀만 옆면에 따로 떨어져 잘 보이지 않으면서 전체를 관장한다.

귀는 상부(上部), 중부(中部), 하부(下部)로 나누어서 보며, 각각이 하늘과 나 자신과 땅의 원리를 담고 있다.

상부인 하늘은 높고 둥글어 심오한 지혜와 덕을 나타내므로, 높이 솟아 둥글게 풍만해야 한다. 나 자신은 중심이 반듯하게 서 있어야 하므로 이에 해당하는 중부는 의지를 상징하여 단단해야 하며, 하부인 땅은 대지의 자애로움을 본받아 정을 의미하므로, 살집이 많고 홍조를 띠어야 좋은 상이다.

### 1) 기본 형태와 명칭

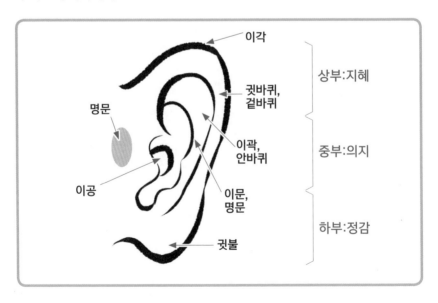

## 2) 귀의 종류와 운명

### 금이(金耳)

눈썹 위에서 손가락 한 마디 정도 높은 곳에 붙어 있으며, 천륜(귓바퀴의 위쪽 부분)은 작다. 각이 없는 둥근 형태다. 귀가 안색보다 희고 귓불이 구슬처럼 늘어져 있는 것을 금귀라 하는데, 이 귀는 부귀공명을 누릴 상이다. 단, 말년에 고독할 가능성이 있다.

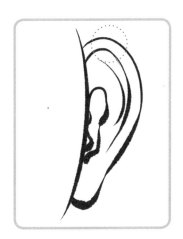

### 목이(木耳)

귀 윤곽의 외측 부분이 뒤쪽으로 뒤집어져 폭이 좁고 긴 모양을 말한다. 위쪽은 넓고 아래쪽은 좁다. 가족 간에 정이 없고 재산도 부족하지만, 얼굴 형태가 좋으면 평온하게 살 수 있다. 그렇지 않을 경우 생활이 곤궁할 뿐만 아니라 자식 운도 없다.

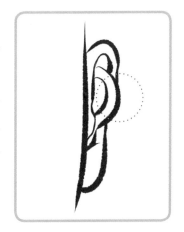

### 수이(水耳)

두껍고 둥근 귀가 눈썹 위쪽보다 높게 붙어 있고, 귓불이 두꺼워 구슬이 매달려 있는 모양이다. 대부분 검은색을 띤다. 귀가 딱딱하고 붉은 빛을 띠며 반들반들하다. 얼굴 위쪽에 붙어 있으면 부귀할 상이며, 관직 운이 좋아 명성이 해외에까지 미친다.

## 화이(火耳)

눈썹보다 높은 곳에 붙어 있고 윤곽은 뚜렷하지만, 뒤쪽으로 뒤집어져 있기 때문에 귓불이 구슬처럼 늘어져 있다고 해도 좋지 않은 형태다. 전체적으로 날카롭다. 두 눈 사이와 아래 눈꺼풀이 화기를 띠고 있으면 말년에 자식이 없어 고독하지만, 수명은 길다.

## 토이(土耳)

딱딱하고 두껍고 크면서 두터운 귀를 말한다. 수이와  비슷하지만 수이보다 딱딱하고 크고 두텁다. 노란색이 도는 적색을 띠며, 윤기가 있는 형태가 좋으면 부귀가 오래 지속되며, 가족 간에 화목하다. 나이를 먹어도 건강하고 지위와 급여도 높아진다.

## 수견이(垂肩耳)

귓불이 어깨에 닿을 정도로 길게 늘어져 있다. 눈썹보다 높은 곳에 붙어 있고 피부에 윤기가 있으며 색도 선명하다. 좀처럼 볼 수 없는 귀한 귀다. 부귀를 누리는 것은 물론 명성이 먼 곳까지 퍼져 다른 사람들의 존경을 받게 될 것이다.

### 전우이(箭羽耳)

귓바퀴는 눈썹보다 한 치 정도 높이 붙어 있
지만, 귓불에 둥글림이 없고 활과 화살의 날개
같은 형태를 하고 있다. 초년에는 경사가 많지
만 말년으로 갈수록 좋지 않다. 남의 말에 잘
현혹되어 손해를 보기도 한다. 감수성이 예민
하고 호화로운 생활을 즐긴다.

### 서이(鼠耳)

귓바퀴의 위쪽이 매우 날카롭고 얇으며, 귀밑
한가운데 근처의 불룩한 부분이 날카롭고 전
체적으로 뒤로 뒤집어진 형태다. 비록 눈보다
높이 붙어 있어도 현명하다고 할 수 없다. 도
벽성이 있어 싸움을 좋아하고, 말년에 가산을
탕진하여 형벌의 고난이 닥칠 수 있다.

### 상형이(上形耳)

얼굴 상부에 붙어 있는 귀를 말한다. 귓바퀴의
상부가 눈썹보다 위쪽에 붙어 있고, 귀뿌리의
불룩한 부분이 코끝보다 높다. 본능적이고 내
성적이며 비사교적이어서 사회생활이 원만하
지 않은 경우가 많다. 겁이 많으며, 한편으로 검
소하지만, 의리와 인정이 있다. 초년에는 운이
좋은 편이다. 참모형 스타일로, 꼼꼼한 편이다.

### 평형이(平形耳)

얼굴 중앙부에 위치한 귀를 말한다. 눈초리와 비슷한 정도의 높이에 귓바퀴의 상부가 위치하고 귀밑이 나온 부분이 코끝과 같은 높이에 있다. 상식적이고 안정된 사람이 많이 가지고 있는 귀의 형태다. 명랑하고 밝으며, 예술, 예능 방면에 관심이 많고, 감수성이 풍부하다.

### 하형이(下形耳)

얼굴 하부에 위치한 귀를 말한다. 귓바퀴의 상부가 눈썹 꼬리보다 아래에 있어 귀밑이 코끝보다 하부 늘어져 있다. 이성적이고 합리적인 실행가가 많다. 보스 스타일로, 행동력을 중시하여 조직의 리더 역할을 한다. 히스테리적인 경향이 있어 질투를 부리기도 한다.

### 3) 귀의 종류와 성격

- 큰 귀  큰 귀는 생명력의 힘을 나타낸다. 작고 세세한 것에 크게 신경 쓰지 않고, 여러 가지 재능을 가지고 있다. 세로로 길고 크면 이공, 수리 계열에 강하다.
- 폭이 넓은 귀  귀 폭이 넓은 사람은 매우 상식적이다. 타인의 기분을 헤아리는 데 능숙하고 협조적이며, 타인의 의견을 솔직하게 듣는 관대한 성격으로 기억력이 뛰어나다.
- 내이가 돌출된 귀  정면에서 보았을 때 귀의 윤곽으로부터 내이가 튀어나온 사람은 자기주장이 강하다. 다른 사람의 의견을 경청하는 데 신경 써야 할 것이다. 장녀나 장남보다는 차남이나 차녀 이하에 이런 귀를 가진 사람이 많다.
- 위쪽이 넓은 귀  귀 위쪽이 넓고 부드러운 사람은 큰 이상을 지니고 있으며, 약속을 잘 지키고 인정도 많은 편이다. 한 번에 승부를 내는 사업가보다는 성실한 직장인일수록 이런 귀를 가진 사람이 많다.
- 뒤로 뒤집힌 귀  머리가 좋기 때문에 인간관계가 좋고 타인에게 친절하지만 계산적이다. 일시적인 이득을 얻으려 하기보다 조금 긴 안목을 가지고 모든 것을 보는 것이 중요하다.
- 귓불이 없는 경우  귓불이 없는 사람은 경제 관념이 약하기 때문에 돈에 신경 쓰지 않는다. 머리도 좋고 의지도 강하지만 성격이 조금 차갑다. 그 때문에 충분히 생각하고 나서 말하는 습관을 들이는 것이 좋다.

## 4) 귀의 길, 흉 관상

- 귀가 단단한 사람은 건강하고, 귀가 약한 사람은 건강하지 못하다.
- 귀가 길고 높이 솟은 사람은 신분이 높고, 귀가 두텁고 둥근 사람은 의식이 풍족하다.
- 귀는 운의 5%밖에 지배하지 못한다. 그러므로 눈이 좋은 사람은 성공해도 귀만 좋아서는 성공을 보장할 수 없다.
- 남자는 귀가 그다지 중요하지 않으나 여자는 상당히 중요하다. 귀가 뒤집힌 여성은 배우자와 해로하기 어렵다.
- 귀는 형태보다 색깔이 더 중요하다. 그래서 모양은 나빠도 빛이 윤택하면 좋고, 모양은 좋아도 어두우면 좋지 않다.
- 귀는 뒤로 자빠진 듯해야 좋고, 앞으로 오그린 귀는 좋지 않다.
- 두 귀가 어깨까지 내려온 사람은 귀하고(유비는 귀가 어깨까지 내려왔다고 한다), 귀가 얼굴보다 희면 세상에 이름을 떨친다.
- 귀가 검고 마치 꽃이 핀 것처럼 뒤집힌 사람은 가업을 승계하지 못하고, 타향으로 갈 사람이다.
- 귀가 백지처럼 얇은 사람은 읽지 세상과 이별 하기 쉽다.
- 귀가 토끼 귀처럼 쫑긋하거나, 쥐처럼 뒤집힌 사람은 가난하다.
- 귀밑에 구슬처럼 살이 붙은 사람은 의식이 풍족하다.
- 귀 뒤에 뼈가 솟은 사람은 장수하고, 뼈가 없는 사람은 단명 할수있다.
- 귀가 눈보다 높은 사람은 선생 대우를 받을 상이다.
- 귀에 사마귀가 있으면 총명함을 타고난 사람이다.
- 귀 갓이 분명한 사람은 총명하다.
- 귓구멍이 넓은 사람은 포부가 크고, 귓구멍이 작은 사람은 포부가 작다.
- 귀 아래에 살이 붙어서 입으로 향한 사람은 재운도 좋고 장수하는 반면, 귀 아래에 살이 없는 사람은 재운이 부족하다.

- 귓속에 긴털이 난 사람은 장수하고, 귓속에 사마귀가 있는 사람은 귀한 자식을 둔다.
- 귀가 붉은 사람은 일찍 출세하고, 귀가 흰 사람은 대기만성하다.
- 귀가 검은 사람은 빈천할 상이다.
- 귀가 작고 앞으로 향한 사람은 패가하고, 귀가 비틀어지고 뒤집힌 사람은 살아갈 집이 없다.
- 좌우의 크기가 다른 짝귀를 가진 사람은 일함에 있어 막힘이 많다.
- 귀의 빛깔이 윤택하면 이름을 크게 날리고, 귀가 먼지가 낀 것처럼 검은 사람은 가난하고 어리석다.
- 귀가 눈썹보다 높이 있는 사람은 평생 부자로 산다.
- 귀의 상부가 발달한 사람은 생각이 깊어 이지적이다.
- 귀의 중부가 발달한 사람은 육체가 발달되 활동적이다.
- 귀의 하부가 발달한 사람은 정신력이 강해 조직적이다.
- 귀가 지나치게 앞으로 붙은 사람은 애정이 적어 이성에게 무관심하며, 귀가 지나치게 붙은 사람은 격정적이어서 정에 치우치기 쉽다.

## 2. 눈

사람의 얼굴에 있어 눈이라는 것은 곧 천상(天上)의 일월(日月)과 같은 존재로서, 나의 모든 정신과 마음과 물질의 주인이자 근본을 이룬다. 일월이 삼라만상(森羅萬象)을 다 비추어 광명을 열어주듯, 부귀 복덕과 건강 장수의 모든 것에 관여하여 평생의 삶을 좌우한다. 얼굴에서 눈이 운의 50%를 좌우하므로 다른 부위가 아무리 잘생겨도 눈이 뒤떨어지면 큰 성공을 기대하기 어렵고, 얼굴이 다소 부족해도 눈만 수려하게 타고났다면 두려워할 것이 없다. 일생을 두고 크나큰 작용을 하는 눈은, 운명의 척도가 되며 선악을 판단하는 기틀이 된다.

눈은 오장육부 중에서 간에 소속되어 있어, 간이 피로하면 눈이 어두워지고 간이 건강한 사람은 눈이 윤택하고 밝다. 전체적으로는 간이 눈을 주관하지만, 눈의 부위마다 해당하는 장기가 따로 있다. 동공은 신장이 관리하고, 검은자위는 간, 흰자위는 폐, 윗눈꺼풀은 위장, 아랫눈꺼풀은 비장, 눈의 시작과 끝부분(내외자/어미)은 심장이 각각 관리한다. 이들 각 부위는 오장의 정기가 집중된 것으로, 눈을 자세히 관찰하면 우리 몸의 건강상태를 그대로 읽을 수 있다.

### 1) 기본형태와 명칭

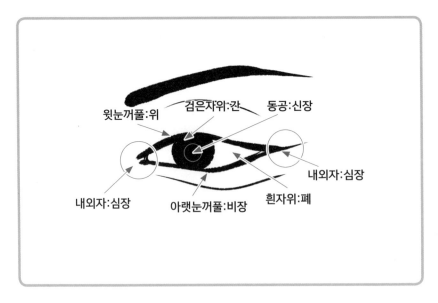

### 용안(龍眼)

용의 눈과 같은 용안은 고귀한 존재가 되는 상이자 고위 관직에 오르는 상이다.
검은자위와 흰자위가 분명하면 정신적으로 강하고, 눈초리가 길게 째지므로 눈
안에 기(氣)와 신(神)이 머문다. 이런 눈을 가진 사람은 부귀하고, 많은 급여를
받는 지위에 올라 왕을 곁에 모시는신하가 되기도 한다.

### 우안(牛眼)

소의 눈을 닮은 눈으로, 대부호가 되는 상이다. 눈이 크고 눈동자는 둥글고 눈초
리는 뚜렷하고 밝다. 이런 눈을 가진 사람은 재산이 흥하여 많은 재물을 손에 넣
을 수 있으며, 수명이 길고 일생을 평온 무사하게 보낸다.

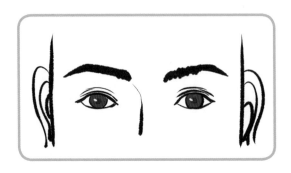

후안(猴眼):

원숭이의 눈을 닮은 눈으로, 이런 눈을 가진 사람은 부귀는 누리나 일생 걱정이 많다. 검은자위가 위쪽으로 가깝게 붙어 있고, 눈꺼풀은 이중 또는 삼중으로 되어 있어 눈동자가 매우 빨리 움직여야 좋다. 재산이 부족하지 않은 상이라 할 수 있다. 먹는 것을 매우 좋아하는데, 음식 중에서도 과일을 특히 좋아한다. 앉을 때 고개를 숙인다.

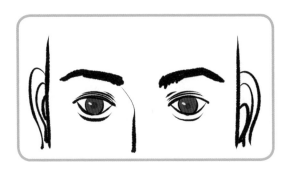

귀안(龜眼):

거북이의 눈은 눈동자가 둥글고 수려한 기운을 숨기고 있어 위 눈꺼풀에 섬세하게 이루어진 여러 개의 선이 있다. 이런 눈을 가진 사람들의 상당수가 장수하고 일생 복록을 누린다. 또한 건강하고 복이 끊어지지 않고 부귀영화가 계속되어 자손에게까지 영향을 미친다.

**원앙안(鴛鴦眼)**

원앙의 눈을 가진 사람의상당수는 복을 누리지만 음탕하고 난잡한 면이 있다. 눈은 수려하지만, 눈동자가 붉은 물기를 띤다. 눈이 둥글고, 눈동자가 약간 날아오르는 듯하고 도화색을 띤다. 부부 사이에도 정이 있다. 그러나 천하의 부귀를 얻으면 주색에 빠져 생활이 거칠어질까 염려되는 상이다.

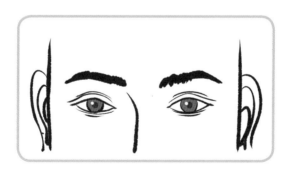

**상안(象眼)**

상안은 부귀를 누림과 동시에 복록과 수명을 누리는 좋은 상이다. 눈의 위아래에 물결치는 주름이 있고, 눈초리가 길게 째져 눈이 가늘고, 수려한 기가 많으며 선량한 인물이다. 그러므로 호기를 놓치지 않고 일을 성사시키면 부귀와 장수를 누리며 즐거운 일생을 보낼 수 있다.

**사자안(獅子眼)**

사자 눈을 닮은 눈을 가진 사람은 대부분 부귀를 누린다. 눈이 크고 엄숙해서 약간 무섭게 느껴지기도 하지만 단정하고 장엄한 눈이다. 이런 눈을 가진 사람은 모든 일에 호쾌하다. 비도덕적인 것을 싫어하고 자신의 행동을 엄격하게 조절한다. 탐욕스럽거나 잔혹하지 않고, 상대에게 정을 베풀어 부귀영화와 장수를 누린다.

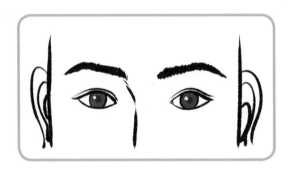

**음양안(陰陽眼)**

한쪽은 크고 한쪽은 작은 눈을 음양안이라 한다. 이 눈은 복을 누리면서도 타인에게 거짓말을 하거나 사람을 속이는 상이다. 눈빛이 날카롭고 곁눈질로 사물을 보며, 본심은 어떨지 모르지만, 입으로는 바른말을 한다. 하지만 성실하지 못하고 간악하며 꾀를 잘 부린다. 권모술수에 뛰어나 곤란한 상황에 처해도 능숙하게 빠져나가 부귀를 누릴 수는 있지만 끝까지 유지하기는 힘들다.

## 사안(巳眼)

눈이 뱀처럼 생긴 사람은 난폭하고 독살스러워서 윤리 의식이 부족한 것으로 생각된다. 작고 둥글며 튀어나올 것 같은 붉은 눈동자를 가지고 있으며, 백안 위로 붉은 줄기가 있다. 교활하고 거짓말을 잘한다. 심상을 바르게 하지 않으면 큰 재앙을 가져올 수 있는 눈이다.

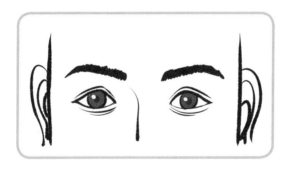

## 마안(馬眼)

마안이란 눈꺼풀이 삼각형을 이루고 있고 눈동자가 튀어나와서, 슬프지 않아도 눈 아래에 항상 눈물이 모여 있는 것처럼 보이는 눈이다. 이런 눈을 가진 사람은 아내와 아이를 잃고 고독하게 사는 경우가 많다.

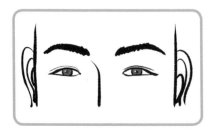

## 도화안(桃花眼)

요염한 미소를 지닌 상이다. 눈에 눈물이 모여 있는 것처럼 촉촉하게 젖어 있다. 눈동자에 무게가 없어 보이며 곁눈질을 하거나 한눈을 잘 판다. 이런 눈을 가진 사람을 '도화살'있다고 해서 기피했다. 그러나 지금은 이런 눈을 가지고 있으면 스타성이 있거나 재능이 풍부해 대중에게 인기를 끈다고 하여 좋은 의미로 해석되기도 한다.

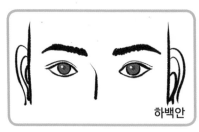

## 삼백안(三白眼 상백안·하백안)

검은자위가 백안을 완전하게 가리지 못하고 세방면에 백안이 나타난 눈을 말한다.

상백안(上白眼)은 아래를 보고 있듯 상부에 백안이 나타나는 눈이고, 하백안(下白眼)은 위를 보고 있듯 하부에 백안이 나타나는 눈이다. 상백안인 사람은 기가 작고 음탕하며 사람을 업신여기거나 반항적인 기질이 있다. 하백안인 사람은 눈이 위를 향하고 있어 차가운 느낌을 주고 야망이 있는 것처럼 보인다. 파괴적이고 타산적인 면이 있어 집념이 강하다.

**사백안(四白眼):**

검은자위의 주위가 모두 백안인 눈을 말한다. 섬뜩한 인상을 주는 눈으로, 본능적이고 감정적으로 움직이는 경우가 많아 비윤리적인 일을 하기 쉬우므로 조심해야 한다. 심상을 바르게 하여 악운을 극복해야 한다.

## 3) 눈의 길, 흉

- 왼쪽 눈은 태양이므로 아버지를 의미하고, 오른쪽 눈은 태음이니 어머니를 의미한다.
- 눈이 불량한 사람은 마음도 불량하고, 눈이 순한 사람은 마음도 순하다.
- 눈이 비어진 사람은 성질이 매우 급하고, 곁눈질하는 사람은 도둑질한다.
- 삼각형 눈을 가진 사람은 성질이 매우 급하다.
- 사람과 사물을 똑바로 보는 사람은 정직하다.
- 눈이 활처럼 생긴 사람은 간사한 영웅 기질이 있다.
- 눈에 물을 머금은 듯한 사람은 음란하고, 눈에 흰 자가 사방으로 보이는 여자는 다른 남자와 간통할 상이다.
- 남자의 경우 오른쪽 눈이 크고 왼쪽 눈이 작으면 아내를 두려워한다.
- 여자의 경우 왼쪽 눈이 크고 오른쪽 눈이 작으면 남편을 두려워한다.
- 한쪽은 크고 한쪽은 작은 눈인 음양안(陰陽眼)은 간사하기는 하나 재산은 있다.
- 눈이 길고 깊고 빛과 윤기가 도는 사람은 귀하고, 눈빛이 검고 빛나는 사람은 문장이 훌륭하다.
- 눈이 새벽별처럼 반짝반짝 빛나는 사람은 부귀할 상이다.

## 4) 눈썹의 구조와 의미

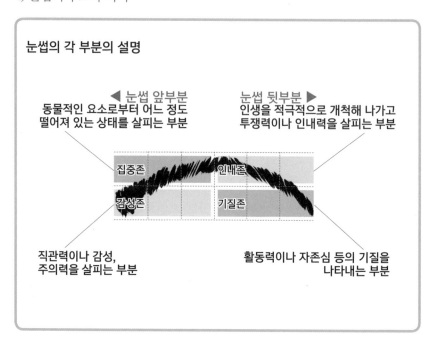

**눈썹의 각 부분의 설명**

◀ 눈썹 앞부분
동물적인 요소로부터 어느 정도
떨어져 있는 상태를 살피는 부분

눈썹 뒷부분 ▶
인생을 적극적으로 개척해 나가고
투쟁력이나 인내력을 살피는 부분

집중존　인내존
감성존　기질존

직관력이나 감성,
주의력을 살피는 부분

활동력이나 자존심 등의 기질을
나타내는 부분

## [여자]

여자는 자신의 성격을 나타내는 눈썹의 형태를 무의식간에 그리곤 한다.

본래 눈썹의 형태는 숨겨진 본인의 성질을 나타내고, 그리고 있는 형태은 현재 본인의 모습과 운명을 나타낸다. 본래의 눈썹과 그린 눈썹을 모두 보고 관상을 살펴야 한다.

## [남자]

표준적인 눈썹 길이는 미간이 콧날의 연장선에서 시작하여 눈썹꼬리가 눈 구석에서 바깥쪽으로 2mm까지 이르는 정도이다. 이보다 길면 성미가 느긋하고 심사숙고하는 스타일이고, 짧으면 성격이 급하고 즉흥적인 면이 강하다. 눈썹이 진한 사람은 정이 많지만 얇은 사람은 정이 박하다.

## 5) 눈썹의 종류와 운명

### 궁미(弓眉)

눈썹 중에서는 궁미를 으뜸으로 친다. 활처럼 생긴 눈썹이 눈을 감싸듯이 둥글고 부드러우며 수려하다. 이런 눈썹을 가진 사람은 총명하고 섬세하며 정열적이어서, 오페라 가수 플라시도 도밍고처럼 예술가 중에서 흔히 볼 수 있다. 눈과 눈썹은 서로 부부와 같은 이치를 지녀, 이런 눈썹을 지닌 자는 부부간에도 서로 내 몸처럼 감싸주면서 일생을 마치 연애 시절처럼 살아간다. 특히 테너 가수 플라시도 도밍고의 경우는 입의 양 끝이 위로 올라간 앙월구(仰月口)로서 더욱 궁미와 잘 어울리며 돋보이는 상이다.

### 유용미(游龍眉)

용이 노니는 듯한 맑고 수려한 눈썹이다. 유용미에 눈동자가 크고 눈빛이 강하여 마치 용이 엎드린 듯한 복룡안(伏龍眼)의 눈을 갖추면, 총명하고 용감하여 결단력이 있다.

### 와룡미(臥龍眉)

털이 무성하지 않으나 수려하게 천창을 향해 뻗어 나가는 눈썹으로써, 크고 빛이 번쩍이는 눈에, 눈동자가 약간 치켜 올라가고 눈 끝이 기세 있게 위로 치켜진 유용안(游龍眼)을 함께 지니면 형제가 많으나 독신으로 지내는 경우가 있다.

### 춘심미(春心眉)

눈썹이 가늘고 둥글게 높이 떠서 조금도 흩어지지 않은 채 길게 눈을 지나고, 눈 역시 활처럼 가늘게 휘어지면서 흰자위에 가는 실핏줄이 있고 눈에 물기가 많다. 도화안과 짝이 되는 눈썹이며, 이 눈썹을 가진 사람은 총명하지만 허위가 많고, 담은 약하나 매우 호색하여 연애 사건을 많이 불러일으킨다. 예술방면에 종사하면 좋다.

### 유수미(柳垂眉)

수양버들처럼 가늘고 축축 늘어지는 유수미는 글자 그대로 화류계에서 세월을 보내기에 십상인 상으로 눈 역시 몽롱하고 탁한 취안(醉眼)인 경우가 대부분이다. 이러한 눈썹은 너무나 가늘어서 지조도 줏대도 없이 음란하며, 온전히 정기를 보존하기 힘들기 때문에 자식을 두지 못하는 경우가 많다. 그러나 70세 이상의 노인으로서 눈썹털이 이처럼 길게 드리워지는 것은 고목나무에서 자꾸만 싹이 나오는 형상이므로, 장수할 상이다.

### 은하미(銀河眉)

수려한 맛이 없이 마치 교태를 부리듯 오므라져 나방이처럼 동그랗게 생긴 눈썹은 색을 매우 탐하는 상이며, 은하수처럼 휘영청 길고 가는 은하미는 부귀에 이르는 눈썹이나 색을 너무 탐한다.

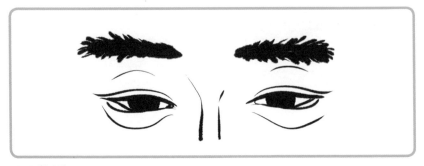

**귀미(鬼眉):**

귀미는 귀신의 눈썹과 같은 것으로, 눈썹이 정리되어 있지 않고 눈과 가까워서
마치 눈을 가리듯이 난 것을 말한다. 이러한 눈썹의 소유자는 선량하고 의리가
깊은 것처럼 보이지만 가끔 사악한 마음을 품기도 한다. 일평생 타인의 물건에
신경을 쓰는 죄수의 눈썹이기도 하다. 형제는 3~4명이 된다.

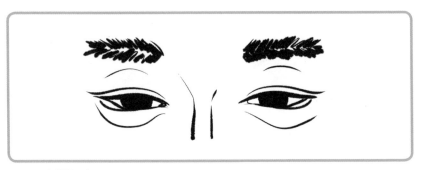

**소산미(疏散眉):**

드문드문함을 뜻하는 소(疎)와 흩어짐을 나타내는 산(散)에서 유래한 소산미
는 털이 드문드문 여기저기 나누어져 정리되어 있지 않은 눈썹을 말한다. 털은
그다지 많지 않고 퍼져 있는 데다 흩어져 있다. 일평생 재운의 부침이 많다. 외
관상으로는 온화해 보이지만 실제로는 냉담하고 인생의 기복이 심하다. 형제
수는 1~2명 정도가 된다.

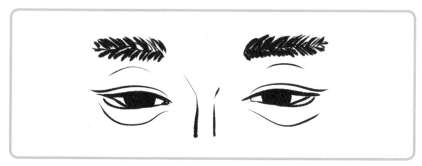

**황박미(黃薄眉)**

문자 그대로 노랗고 얇은 눈썹을 말한다. 털이 황소의 털처럼 황색이고, 얇아서 여기저기 흩어진 드문드문한 눈썹이다. 이 눈썹이 눈보다 긴 사람은 재산을 축적하는 데 있어 실패가 많고 운이 지속되지 않는다. 동양인에게 있어 눈썹이 황색을 띠는 사람은 좋지 않다. 형제운이 부족하고 형제와 이별하는 경우가 많다.

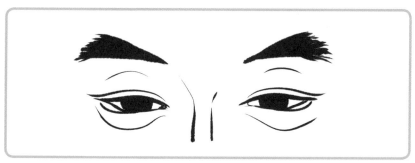

**소추미(掃箒眉)**

미간은 가늘고 눈썹꼬리 쪽으로 갈수록 넓어지는 것이 마치 빗자루와 비슷하다. 이 눈썹은 미간을 분명하게 갖추고 있어 좋지만 눈썹꼬리 쪽의 털의 양이 매우 적게 흩어져 있어 말년에 재산이 부족하다. 형제간에 정이 부족하고 질투가 심하다. 형제가 많은 사람은 떨어져 살거나, 자손이 없이 외로운 노후를 보내게 된다.

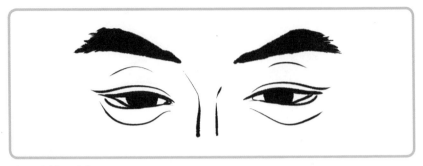

## 첨도미(尖刀眉)

첨도미는 날카로운 칼날을 의미하는 것으로, 칼 중에서도 부엌칼을 위로 향해 세워 둔 사람을 말한다. 눈썹꼬리가 날카로운 칼처럼 되어 있어 성격이 과격하다. 털이 잘 정리되어 있지 않은 사람을 '악살(惡殺)'이라고 하는데, 이러한 눈썹을 가진 사람은 외관상으로는 온화하지만 실제로는 집요하고 악랄하다.

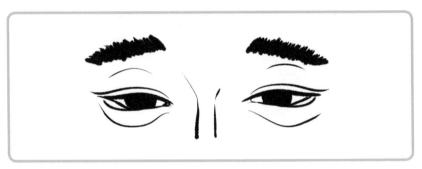

## 팔자미(八字眉)

양쪽 눈썹의 형태가 '八'자 모양으로 되어 있는 것으로, 세련된 느낌은 없다. 미간의 털은 많지 않고 눈썹 꼬리 쪽으로 갈수록 흩어진다. 눈썹 꼬리가 눈초리를 가리는 것처럼 되어 있는 사람은 결혼 운이 좋지 않다. 혹 재결혼을 해도 자신에게 맞는 배우자를 찾을 수 없다. 재운은 큰 어려움이 없지만 자손 운이 없고 외로운 만년을 보내게 된다. 형제는 없지만 재산은 있는 타입이다.

## 유엽미(柳葉眉)

미인의 아름다운 눈썹이라고도 한다. 이 눈썹을 가진 사람은 형제운이 별로 좋지 않아 형제간에 옥신각신할 가능성이 높다. 그러나 전체적인 운은 좋은 편이다. 눈썹이 정리되어 있지 않으면 형제간에 정이 없다. 친구와의 교제에 있어서는 의리가 깊고 충직한 편이다. 총명하고 기가 넘치는 눈초리를 하고 있으면 살아 있는 동안 이름을 떨칠 수 있다.

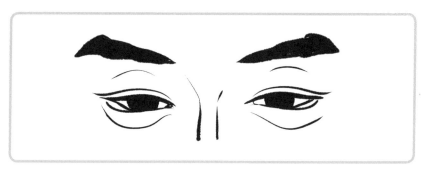

## 검미(劍眉)

칼처럼 날카로운 형태를 한 눈썹을 말한다. 위풍당당하고 지혜가 있으며 군주를 돕는 신하의 상이다. 건강하고 장수하는 운을 가지고 태어났다. 형제는 3-4명 정도지만 눈썹 길이에 의해 형제 수는 변할 수 있다. 눈썹이 숲처럼 무성하고 수려하고 긴 정도에 따라 위세와 권위가 발생하는 형태다.

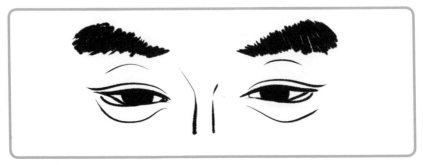

## 사자미(獅子眉)

사자의 눈썹과 비슷하다. 산만하지만 위엄이 있어서 비범한 인물로 생각된다. 눈썹의 털이 산만하고 눈으로부터 멀리 떨어져 있으면 좋은 상이다. 대체로 대기만성형이며, 아내 또는 남편까지 사자 눈썹이면 일생 부귀영화를 누릴 수 있다. 형제가 많다.

## 전청후소미(前淸後疏眉):

미간 쪽은 잘 정리되어 수려하지만 꼬리 쪽으로 갈수록 넓어져 흩어져 있는 형태의 눈썹을 말한다. 눈썹꼬리가 흩어져 있어도 예쁘게 보이면 젊은 시절에 공명을 얻어 재산을 축적한다. 중년과 말년의 운은 명예와 재산으로 나타나므로 반드시 원하는 것을 이루는 상이라고 할 수 있다.

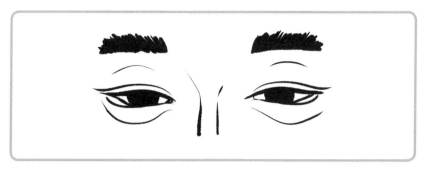

## 단촉수미(短促秀眉)

형태는 짧지만 예쁜 눈썹으로, 장수하고 귀한 인물이 된다. 옛날이었다면 과거에 합격해 최고의 관료가 될 수 있는 상이다. 성격이 호쾌하고, 결코 약속을 깨지 않는다. 충효를 알고 한결같이 청렴한 인물로 자손도 고귀한 인물이 된다.

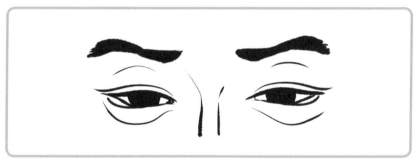

## 일자미(一字眉)

一자 형태로 예쁘게 갖추어져 있어 미간에서 눈썹꼬리까지 곧고 단정한 형태의 눈썹을 말한다. 털이 예쁘게 갖추어져 미간에서 눈썹꼬리까지가 양산처럼 예쁘면 부귀를 누리고 장수하며 젊은 시절에 성공할 수 있다. 부부가 같은 형태의 눈썹을 지니면 백년해로한다.

**와잠미(臥蠶眉)**

누에가 자는 모습과 비슷하다 하여 와잠이라고 한다. 눈썹이 수려하면 책략가로, 기회를 놓치지 않고 수완을 발휘한다. 세상살이에 능숙하고, 젊어서 이름을 날리지만, 형제간에 우애는 별로 없다.

형제가 많다.

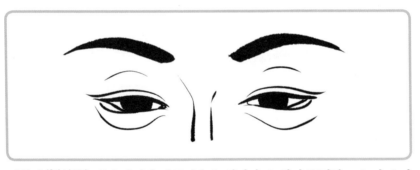

**신월미(新月眉):** 초승달처럼 아름다운 눈썹이다. 눈썹이 뚜렷하고 눈이 수려하면 가장 좋다. 눈썹꼬리가 이마 옆쪽까지 길게 자라면 좋은 눈썹이다. 본인뿐만 아니라 형제간에 우애도 깊고 모두 부귀를 누린다. 옛날이었다면 과거에 합격해 최고의 관료가 되는 상이다. 형제가 많으며, 모두 귀한 인물이 된다.

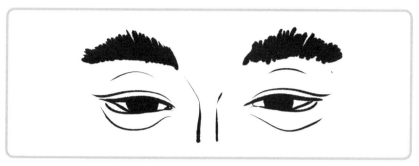

## 호미(虎眉)

호랑이 눈썹과 비슷한 눈썹으로, 위엄이 있어 모양도 크고 원대한 뜻을 안고 있다. 이런 눈썹을 가진 사람은 반드시 부자가 된다. 그렇게 되지 않더라도 고귀한 존재가 된다. 태어나 가진 수명은 길지만 형제간에 우애가 없는 것이 단점이다. 형제의 수는 3~4명 정도가 될 것이다.

## 청수미(淸秀眉)

눈썹이 뚜렷하고 예쁜 형태를 갖추고 있는 것을 청수미라 한다. 이마 옆쪽까지 길게 뻗어 있으며, 구레나룻도 길다. 이러한 눈썹을 가진 사람은 총명하고, 젊어서 명성을 얻는다. 형제간의 우애와 정이 깊고 세상에 이름을 날린다. 형제는 3~4명 정도가 된다.

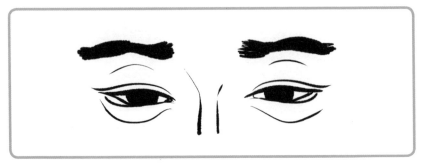

## 간단미(間斷眉)

눈썹이 하나로 연결되어 있지 않고 중간중간 끊어져 있거나 상처가 있는 눈썹을 말한다. 눈썹이 끊어져 있는 사람은 형제와의 인연이 없다. 형제가 있어도 없는 것만 못하며, 재운의 부침이 격렬하고 결국 빈곤에 허덕이며, 부모를 연달아 잃을 수 있다. 바라는 일도 생각대로 되지 않는 고독한 상이다. 형제의 수는 2~3명 정도가 될 것이다.

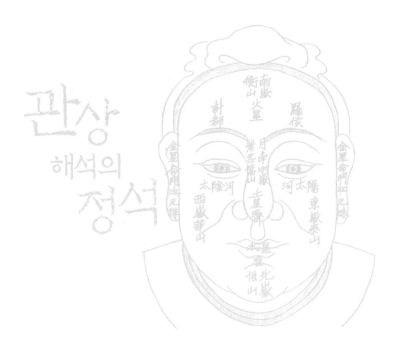

## 3. 입

입은 오관(五官) 가운데 여러 가지가 들어오고 나가는 부위라 하여 출납관(出納官)이라 한다. <주역>에서는 입을 '만물의 조화를 일으키는 곳'이라 표현하는데 그것은 귀, 눈 코, 눈썹, 눈, 입 중에서 가장 많이 움직일 수 있는 것이며, 가장 많은 작용을 하는 것이기 때문이다. 또한 '말 한마디에 천 냥 빚도 갚는다'는 말이 있듯이, 입과 혀를 잘 사용하느냐 못하느냐에 따라 자신의 운명이 좌우된다. 심장에서부터 목구멍을 통해 연결된 가장 바깥 부위에 해당하는 입은, 온갖 상벌과 희로애락을 일으키는 장본인이다. 입은 얼굴의 삼정(三停) 중 땅에 속하면서, 모든 흐르는 물을 마지막으로 받아들이는 대해(大海)이다. 때문에 입은 땅과 물의 원리를 최대한 살려 그 모양이 땅처럼 두터워야 하며, 흐르는 강물처럼 길고 윤택해야 한다.

또한 상을 볼 때 남자는 눈을, 여자는 입을 주로 보는데, 눈은 하늘에 떠 있는 태양으로서 양에 해당하는 남자의 상징이 되며, 입은 바다요 땅으로서 음에 해당하는 여자를 상징하는 기관이기 때문이다. 만약 여성의 입이 제대로 격을 갖추지 못했다면, 다른 곳이 아무리 잘생겨도 귀부인이 되기는 힘들다.

1) 입의 기본형태와 명칭

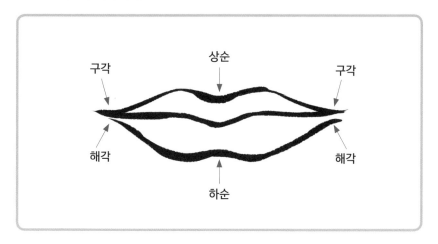

## 2) 입의 종류와 운명

### 사자구(四字口)

사(四)자 모양을 한 입의 형태다. 가장 좋은 상으로, 부귀지격(富貴之格)이다. 입의 윤곽이 분명하고, 상하 입술이 잘 갖추어져 있으며, 구각이 위로 향해 있는 것이 좋은 상이다. 이러한 입을 가진 사람은 총명하고 다방면에 재능이 뛰어나 학문에서 두각을 나타내 부귀를 누리며, 반드시 공명을 얻는다.

### 앙월구(仰月口)

앙월구는 입이 위쪽으로 휜 달처럼 되어 있고, 구각이 위로 향한 형태다. 이빨이 희고 입술이 붉으면 더욱 좋다. 학문에 재능이 있으며, 학술 연구에서 성과를 내어 풍요로운 삶을 누린다. 공직운도 좋다.

**만궁구(彎弓口)**

화살이 발사되기 전의 휜 활이나 상현달과 같은 입의 형태를 말한다. 상하 입술이 두껍고 붉고 선명하면 부귀를 누린다. 정신이 맑고 기가 깨끗하기 때문에 사회에 공헌할 수 있는 인물이 되어 부귀를 누리고, 중년에 재운이 저절로 찾아온다.

**취화구(吹火口)**

입이 마치 피리를 부는 것처럼 항상 입이 열려 있는 형태를 말한다. 이경우 생각이 부족 한 경우 가많다. 입이 열려 있는 사람은 끈기가 부족하고 운기가 새기쉽고, 말을 빨리하는 사람이 많다. 또 생활이 궁핍해서 장수하기 어려우므로 입을 다무는 습관을 들여야 운이 좋아진다.

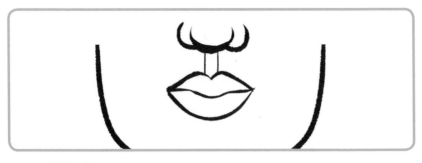

**앵도구(櫻桃口)**

이른바 앵두 같은 입술로, 입술이 두껍고 연지를 바른 듯 붉다. 이빨은 석류처럼
희고 빈틈없이 줄지어 있으며, 웃는 얼굴은 벌어진 연꽃처럼 온화하다. 총명하
고 관직에 임해 부귀를 누리는 대길지상이다.

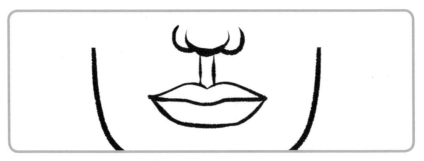

**우구(牛口)**

우구란 상하 입술이 모두 두껍고 풍만하고 매우 큰 입을 말한다. 일평생 의식이
가득차고 충분하고 가정도 번창한다. 어리석어 보여도 총명하고, 마음의 깊이와
지혜가 헤아릴 수 없이 깊다. 몸도 항상 건강하고 백 세까지 생을 즐길 수 있다.

점어구(鮎魚口)

매기입처럼 생긴 입으로, 매우 크지만 구각이 아래로 내려가 있으며, 입을 다물 때 입 끝이 날카로워진 것처럼 보여 입술이 얇고 둥글지 않다. 총명함이 약간 떨어진다. 이런 입을 가진 사람은 인내력이 부족하여 자포자기하는 경우가 많다.

부어구(鮒魚口)

이른바 붕어입으로, 입이 매우 작고 구각이 약간 내려간 형태를 말한다. 수동적이고 주변 환경에 지배당하는 경우가 많다. 여기저기 분주하게 움직이지만 이익은 없고, 실패를 거듭하여 괴로운 삶을 산다.

### 상순구(上脣口)

윗입술이 아랫입술보다 두껍게 발달한 형태를 말한다. 초년에는 유복한 생활을 누리지만 장수하기는 어려운 상이다. 엄격하면서도 섬세한 성격으로, 부도덕한 것을 경멸한다. 여성은 모성 본능이 강하다.

### 하순구(下脣口)

아랫입술이 윗입술보다 두텁게 발달하여 있는 형태다. 자존심과 자기 주장이 강하다. 자기 생각을 굽히지 않으며, 반항적이고 이기적인 면이 있다. 종종 전직을 하며, 미식가인 경우가 많다.

## 3)입의 길, 흉

- 입은 상벌과 시비의 근본이니 입이 무거워서 말을 함부로 하지 않는 것을 구덕(口德)이라 한다.
- 입이 경솔해서 타인의 허물을 함부로 말하는 것을 구적(口敵)이라 한다.
- 입이 모지고 넓으면 수를 누리고, 부를 축적한다.
- 입이 모진 활과 같은 사람은 관록이 많다.
- 입이 옆으로 넓고 두터운 사람은 부자가 된다.
- 입이 바르고 틀어지지 않은 사람은 부자가 된다.
- 입이 두텁고 엷지 않은 사람은 의식이 풍족하다.
- 입이 뾰족하게 나온 사람은 빈천할 상이다.
- 말하지 않을 때 입을 움직이는 사람은 가난하여 굶기를 밥 먹듯 한다.
- 입이 불을 부는 것처럼 뾰족한 사람은 늙어서 자식 덕을 보지 못하고 가난하다.
- 입이 검붉은 사람은 일에 막힘이 많다.
- 입이 벌어져서 이가 드러나는 사람은 손재한다.
- 입술이 걷히고 이가 드러난 사람은 구설이 많다.
- 입이 커서 주먹이 능히 들어갈 수 있는 사람은 대장이나 장관이 될 상이다.
- 입술이 붉은 사람은 평생 배를 굶지 않는다.
- 입이 너무 작은 사람은 가난하고, 입이 크고 풍후한 사람은 천 석의 부를 누린다.
- 사람이 없는데 혼잣말을 하는 사람은 빈천하다.
- 입은 작은데 입술만 큰 사람은 가난하고 요사한다.
- 입이 작고 짧은 사람은 가난하다.
- 입에 붉어야 좋고 입술은 두터워야 좋으며 말소리는 맑아야 좋다.
- 입술이 보이지 않는 사람은 큰 병권을 쥘 상이다.
- 입은 큰데 혀가 얇은 사람은 노래하기를 좋아한다.

- 말하기 전에 입술이 움직이면 음심(陰心)이 있다는 의미다.

- 입이 큰 사람은 대장의 그릇으로, 영웅호걸 상이라고 한다. 여성의 경우 입이 크면 사업이나 일을 열심히 하는 실업가 타입이 많다. 반면 입이 작은 사람은 자신이 전면에 나서기보다는 참모의 능력을 발휘한다.

- 입이 두꺼운 사람은 식욕과 성욕 모두 왕성하고 열정적이다. 반면, 입술이 얇은 사람은 명예와 권력을 중시하는 사람이 많다.

- 입술은 상하의 균형이 잘 맞고 단단한 느낌이 드는 것이 좋다.

- 아랫입술이 두꺼운 사람 중에는 선천적으로 미각이 발달한 미식가가 많다. 마음이 풍부하고 다른 사람에게 애정을 받는 것을 좋아한다.

- 입의 양쪽 부위가 위로 향해 있는 사람은 항상 모든 일을 좋은 쪽으로 생각하는 플러스적인 사고를 한다. 반대로 입술 끝이 아래를 향한 사람은 모든 일에 관해 불평불만이 많은 마이너스적인 사고를 많이 한다.

## 4. 코

코는 얼굴 중앙에 자리 잡고 우뚝하게 솟아 있어 얼굴의 근본을 이루며 '나 자신'을 상징한다. 오악(五岳)의 주산인 중악(中岳)이자 사독(四瀆) 가운데 한 강줄기이며 중앙의 방위인 토(土)에 해당하는 부위로서, 만물이 의지하고 살아가는 터전이 된다. 또한 12궁 가운데 재물운을 다루는 재백궁(財帛宮)으로서, 집에 비유하면 대들보나 기둥과 같은 존재이므로 코는 절대로 비뚤어지지 않고 널찍하고 웅장해야 한다.

코는 오관(五官) 가운데서 사물을 분별하여 심판하는 구실을 한다 하여 심변관(審辨官)이라고도 한다. 눈이 '봄으로써' 살핀다면, 코는 '분별을 통해' 살핀다고 여긴다. 코는 폐와 연결되어 있는데, 그래서 폐에 열이 있으면 코가 막히고, 폐가 맑으면 호흡도 원활하고 냄새도 잘 맡을 수 있다. 코에서도 비장, 위장과 연결되는 것이 콧대(연상年上, 수상壽上)로, 장기의 이상 유무를 판단할 수 있다 하여 질액궁(疾厄宮)이라고도 한다. 몸이 건강하면 산근(山根)과 연수(年壽)도 깨끗하고, 몸에 병이 있으면 산근과 연수도 어두워진다. 예부터 "귀 잘생긴 거지는 있어도, 코 잘생긴 거지는 없다."라고 하여 재운의 좋고 나쁨을 살폈다.

### 1) 코의 기본형태와 명칭

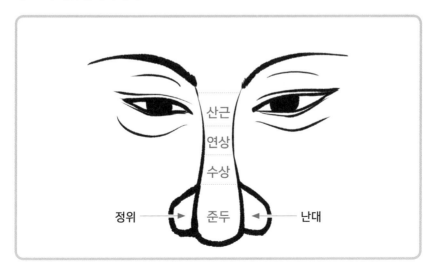

## 2) 코의 종류와 운명

### 호비(虎鼻)

호비란 코끝이 둥글고 크고, 콧구멍은 보이지 않고, 난대와 정위(양 콧망울)가 없는 형태를 말한다. 콧날이 구부러지거나 비뚤어지지 않고 곧게 뻗어 있으며, 산근(두 눈 사이)이 넓은 코로 매우 보기 드물다.

### 사자비(獅子鼻)

사자비는 코끝이 부풀어 올라 있어 큰 대신 산근과 연상, 콧대가 낮고 평탄하다. 난대와 정위는 적당히 부풀어 올라 있다. 옷차림까지 사자의 형태를 닮았다면 부귀영화를 누릴 것이다.

### 현담비(懸膽鼻)

코의 형태가 담낭과 같으며, 현담비라 한다. 준두가 쑥 솟아 있고 산근이 끊어진 것이 없다. 이런 코를 가진 사람은 부귀영화를 누린다. 난대와 정위가 확실하지 않고 작은 사람은 중년에 이르러 부귀의 운이 나타난다.

## 복서비(伏犀鼻)

물소가 엎드려 있는 형태를 하고 있다는 데서 복서비라 한다. 콧대가 산근에서 양 눈썹 사이를 거쳐 액골까지 일직선으로 되어 있으며, 곧게 쭉 뻗어 있는 형태로 살이 적당히 붙어 있으면 좋다. 총명하고 사회적 지위도 높아진다. 동양인에게서는 많이 볼 수 없는 형태다.

## 응취비(鷹嘴鼻)

콧대가 솟아올라 준두가 날카로워져 매의 부리와 같은 형태를 하고 있다. 난대와 정위 모두 작게 줄어든 것처럼 보인다. 정이 없고 이기적이며, 항상 간사한 꾀를 낸다. 금전에 대한 욕구가 강하고 인색하다.

## 구비(狗鼻)

개의 코와 비슷하다 하여 구비라 한다. 연상과 수상 부위(콧대, 콧날)의 뼈가 산봉우리처럼 돌출되어 있어 들창고처럼 생겼으며, 콧구멍이 힐끗 보인다. 이런 코를 가진 사람은 대부분 의리가 깊지만 타인의 물건을 탐내는 것이 단점이다.

### 부어비(鮒魚鼻)

연상과 수상이 높이 돌출되어 있고, 물고기의 등뼈와 같은 모습을 하며 산근은 가늘고 좁고 준두가 늘어져 있다. 이런 코를 가진 사람은 온화하지만 끈기가 부족하며, 일의 전체적인 줄거리를 제대로 잡지 못한다.

### 절통비(截筒鼻)

둥글고 긴 통을 두 동강으로 나누어 덮은 것 같은 형태의 코를 말한다. 부귀공명을 누리는 상이다. 준두가 명확하고 콧대도 곧게 뻗어 있지만 산근의 모양은 약간 빈약하다. 연상과 수상이 모두 풍부하게 부풀어 올라 있으면 중년에 이르러 자연스럽게 부귀하고 집을 크게 일으키게 된다.

### 삼만삼곡비(三萬三曲鼻)

코를 정면에서 보았을 때 세 번 정도 굴곡이 있는 것을 반음살(反吟殺)이라 하고, 옆에서 보았을 때 세 번 꺾인 부분이 있는 것을 복음살(伏吟殺)이라 한다. 반음살이면 자녀운이 나쁘고, 복음살이면 남녀운이 나쁘고 고독하다. 자기중심적인 데다 과격하다.

### 장비(獐鼻)

노루의 코를 닮았다 하여 장비라 한다. 코가 작고 준두는 날카로우며 콧구멍이 분명히 보이는 상으로, 의리가 없고 재산을 탐내며 질투심이 강하고 배신을 잘한다. 양쪽 콧망울 위에 잔주름이 많으면, 노력을 해도 소용없어 인생에 들고나는 것이 많고 변동도 많다.

### 성비(猩鼻)

유인원의 코를 닮았다 하여 성비로 불리며, 장래를 추측하기 어려운 상이다. 콧대가 높은 것이 특징이며, 의리가 깊고 부귀하며 풍류를 좋아한다. 콧대가 높고 눈썹과 눈이 서로 맞닿은 듯 가깝다. 또 머리카락과 수염은 정리되어 있지 않고 얼굴이 크고 입술은 쑥 나와 있다. 몸이 크고 튼튼하며, 성격이 관대하고 덕이 높고 고귀하고 영리하고 호쾌한 기질을 지닌다.

### 노조비(露竈鼻)

콧구멍이 훤히 보이는 코를 말하며, 대체로 장래에 빈곤해지는 상이다. 코가 높고 콧구멍이 크고 길면 몸이 피폐하고 빈곤해져 힘든 생활을 하게 된다.

## 3) 코의 길, 흉

- 난대정위(蘭臺廷尉)가 발달하여 풍부한 사람은 부귀해진다.
- 연상과 수상이 검고 뼈가 죽은 사람은 천하지 않으면 읽직세상을 하직한다.
- 연상과 수상이 명윤하고 풍후한 사람은 부자가 되거나 고관이 될 상이다.
- 콧대가 높고 살이 풍후한 사람은 장수한다.
- 코가 현담과 같은 사람은 부귀해진다.
- 콧대가 솟은 사람은 장수한다.
- 준두가 풍후한 사람은 마음이 독하지 않다.
- 준두가 뾰족한 사람은 간사하다.
- 코에 검은 점이 많은 사람은 모든 일에 막힘이 많다.
- 콧등에 가로금이 많은 사람은 교통사고로 몸을 다칠 상이다.
- 콧등에 세로금이 많은 사람은 다른 이의 아들을 양자로 삼을 상이다.
- 코가 산근에서 인당까지 뻗은 사람은 미모의 처를 얻을 상이다.
- 콧구멍이 뻔히 보이는 사람은 가난하지 않으면 요절한다.
- 코가 매부리처럼 생긴 사람은 상대의 등골을 빼먹을 상이다.
- 코가 여러 번 굽은 사람은 고독하다.
- 코가 삼요(凹)한 사람은 육친(肉親)의 덕이 없다.
- 준두가 둥글고 바른 사람은 명예심이 강하고 재복이 따른다.
- 준두가 풍윤한 사람은 부자가 된다.
- 코끝이 붉은 사람은 동분서주하게 된다.
- 콧대에 뼈가 붉거진 사람은 평생 어려움을 벗어나지 못한다.
- 코끝에 살이 붙어 아래로 처진 사람은 음란하다.
- 코끝이 뾰족한 사람은 고단하고 가난하다.
- 코가 이마까지 골이 솟은 사람은 천하에 이름을 날린다.
- 콧등에 골이 죽은 사람은 일찍 요절한다.

- 콧등에 뼈가 불거진 사람은 객사할 상이다.
- 남자의 경우 코끝에 사마귀가 있으면 성기에도 사마귀가 있고, 여자의 경우 입술에 사마귀가 있으면 음부에도 사마귀가 있다.
- 코끝이 뾰족하고 틀어진 사람은 마음도 틀어졌다.
- 콧등에 가로금이 있으면 위태로운 일이 많다.
- 콧대가 꾸불꾸불한 사람은 어붓 아바지의 성씨를 따를 상이다..
- 코가 윤택한 사람은 재운이 좋다.
- 코의 빛깔이 어두운 사람은 재운이 막힌 상이다.
- 사악(四岳)은 낮은데 코만 높은 사람은 고독하고 가난하다.

운명을 지배하는
얼굴의 길흉
-

1. 인중
2. 이마
3. 이마의 주름 종류와 길 흉
4. 17가지 주름의 종류와 길흉
5. 얼굴에 난 점의 위치와 길흉
6. 법령
7. 관골(서악)
8. 턱

# 4장 ◇ 운명을 지배하는 얼굴의 길흉

## 1. 인중

인중이나 비구(鼻溝)는 준두와 윗입술 사이에 있는 도랑처럼 움푹 패인 곳을 말한다. 수기(水氣)가 귀에서 나와 눈을 통하고, 코에 한 번 모이고 코의 구멍을 통해 인중을 따라 입에 모이므로 인중을 수로(水路)라고 부른다. 수로는 넓고 깊은 것이 좋으며 정체되는 곳이 없어야 한다. 인중을 통해 수명의 길이와 자손의 유무를 알 수 있다. 고서에 의하면 "비구의 넓이로 자녀의 수를 알 수 있으며, 비구의 길이로 수명이 정해진다."고 했다. 이러한 이유로 비구는 길고 깊고 넓지 않으면 안 되며, 곧게 뻗어 있는 것이 좋다.

1) 인중의 종류와 길흉

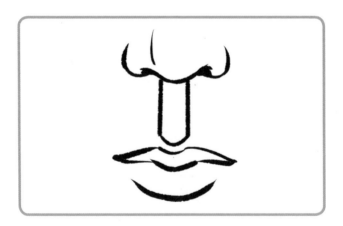

### 긴 인중

인중이 긴 사람은 장수한다. 긴 데다 골까지 깊으면 더욱 좋다. 구부러져 있거나 상처 또는 상처의 흔적이 있으면 좋지 않다.

**짧은 인중**

인중이 짧은 사람은 겁이 많고 자식 운도 별로 좋지 않다. 수명이 긴 사람도 많지 않다.

**넓은 인중**

인중이 넓다고 모두 좋은 것은 아니다. 길고 곧게 뻗어 있으며 깊은 것이 좋다. 얇고 넓기만 한 사람은 끈기가 없고 의지가 박약하다. 낭비벽이 매우 심하며, 음란하고 수명도 길지 않다. 그러나 자식은 많이 둘 수 있다.

**좁은 인중**

끈기는 있지만 우유부단하고, 세상을 헤쳐나가는데 있어 지혜가 부족하다. 인중이 너무 가는 사람은 아이를 낳기 어렵다.

**휘어진 인중**

인중이 휘어지면 좋지 않다. 고서에 의하면 "인중이 휘어져 있는 사람은 신의가 없다"고 했다. 왼쪽으로 휘어져 있으면 부친을 먼저 잃고, 오른쪽으로 휘어져 있으면 모친을 먼저 잃는다. 여자의 경우 왼쪽으로 휘어져 있으면 아들을 낳고, 오른쪽으로 휘어져 있으면 딸을 낳는다.

**아래쪽이 넓은 인중**

일직선으로 쭉 뻗어 있는 데다 위쪽에서 아래쪽으로 갈수록 넓어지는 인중을 가진 사람은 자손이 많을 상이다.

**아래쪽이 좁은 인중**

아래로 내려갈수록 좁아지는 인중을 가진 자는 자손이 적다. 골짜기의 깊이와 길이를 함께 보며, 부귀 장수도 가능하다.

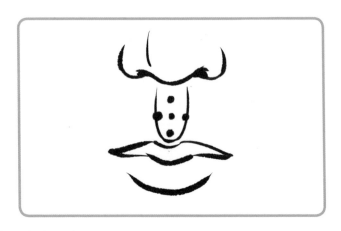

## 점이나 흠이 있는 인중

인중에 점이 있는 경우에는 그 위치와 수에 따라 해석이 달라진다. 인중 윗부분에 점이 있는 사람은 아들이 많고, 아랫부분에 점이 있는 사람은 딸이 많다. 중간에 점이 있는 사람은 결혼은 빨리하지만 한 번 하는 것이 아니며, 자식을 기르기 어렵다.

인중 양쪽에 점이 있으면 쌍둥이를 낳는다. 고서에서는 "인중 중앙에 행으로 점이나 주름이 있는 사람은 배를 타거나 강을 건널 때 조심해야 한다." 라고 했다.

## 그 외

- 인중 선이 한쪽은 길고 한쪽은 짧아 고르지 못하면 수명을 재촉하고, 넓고 좁으면 자식이 없다.
- 인중에 가로금이 있으면 노년에 자식과 인연이 없어 고독하고, 인중에 세로금이 있으면 자식에게 질병이 있어 키우기 어렵다.

## 2. 이마

이마는 발제에서 천중, 천정, 사공, 중정, 인당까지 관운의 유무와 귀천을 판단한다. 대운은 15-25세까지의 10년간을 지배하고, 소운은 15-30세까지의 15년간을 지배한다. 이마가 높이 솟고 넓으며 액골 전체가 정수리까지 뻗어 있으면 극귀할 상이다. 이와 반대로 얇고 좁고 요함하면 좋지 않다.

1)이마의 종류와 길흉

- 이마가 높기는 입벽(立壁) 같고, 넓기는 엎어 놓은 간과 같고, 밝고 윤택하고 길고 모지면 고귀하고 장수할 상이다.
- 왼쪽이 내려앉거나 왼쪽으로 비틀어져 있으면 부친이 먼저 사망한다.
- 오른쪽이 내려앉거나 오른쪽으로 비틀어져 있으면 모친이 먼저 사망한다.
- 이마가 높이 솟고 두터운자는 고관이 될 상이고, 삐뚤어지고 좁고 엷으면 관운이 없다.
- 발제가 풍후하고 높이 솟은 자는 웅변을 잘하고, 영웅호걸이다.
- 천창 좌우가 풍후하면 부귀할 상이다.
- 일각과 월각이 솟은 자는 관록이 양양하다.
- 중정 골이 솟은 자는 귀하거나 큰 부를 이룰 상이다.
- 이마가 죽은 사람은 남성의 경우 관록이 있더라도 오래가지 못한다.
- 여성의 이마가 좁은 사람은 본 남편과 해로하지 못하고 두 번 시집갈 상이다.

- 여성의 이미가 뾰족하거나 깨끗한 사람은 일찍 재취(再娶)로 시집가는 것이 좋다. 그렇지 않으면 본 남편과 해로할 수 없다.
- 남성의 경우 이마가 좋지 못하면 자손궁도 좋지 않다.
- 이마가 넓고 두터우면 부모덕이 많고, 이마가 부족하면 고생을 많이 한다.
- 이마가 좁은 사람은 대게 서자가 많고, 이마가 넓은 사람은 대게 적자가 많다.
- 사공 골이 솟은 자는 장관을 할 상이고, 보골이 솟은 자는 왕후가 될 상이다.
- 인당 골이 솟은 자는 대길하다.
- 복서 골이 정배기까지 뻗으면 대귀한다.
- 이마가 좁아도 피부가 두터우면 부를 축적하고 장수를 하는 등 중귀(中貴)한다.

## 튀어나온 이마(직감적 사고형)

- 옆에서 보았을 때 이마가 돌출되어 있다.
- 날카로운 직감력을 가지고 있다.
- 생각보다 행동이 앞선다.
- 좋고 싫음으로 움직인다.
- 호기심이 강하고 낙천적이다.
- 기억력이 좋다.
- 학자 타입으로, 천재가 많다.

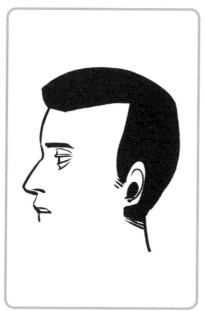

## 상부 쪽이 외측으로 넓은 이마 (추리적 사고형)

- 상부가 옆으로 넓고 머리카락이 난 부위는 M 자형이다.
- 차분하다.
- 생각은 잘하지만, 행동은 늦다.
- 침착하고 말투와 동작이 모두 느긋하다.
- 철학, 우주 이론 등 어려운 학문에 호기심과 자신감을 보인다.

## 각진 이마 A(논리적 사고형)

- 세로로도 넓고 가로로도 넓은 각진 이마다.
- 남성에게 많은 이마이다.
- 논리적이고 객관적인 사고를 한다.
- 감정이 얼굴에 잘 드러나지 않는다.
- 실행력과 결단력이 있어 독자적인 생각을 하고 신념이 있다.

## 각진 이마 B (논리 직감적 사고형)

- 세로로 넓고 가로로 좁은 각진 이마이다.
- 키가 큰 사람들에게 많은 이마이다.
- 생각이 한결같다.
- 사물을 깊이 생각하므로 직공이나 기술자에게 적합하다.

## 각진 이마 C (직감 논리적 사고형)

- 가로로 넓고 세로로 좁은 각진 이마이다.
- 생각보다 행동이 앞선다.
- 의리와 인정에 움직인다.
- 성격이 급한 면이 있다.
- 생각을 깊이 하기보다는 폭넓게 한다.

## 둥근 이마(감정적 사고형)

- 머리카락이 난 부위가 아치형이다.
- 여성에게 많은 이마이다.
- 감수성이 풍부해 감각과 감성을 따른다.
- 희로애락이 얼굴에 솔직하게 드러난다.
- 표현력이 풍부하여 문학가나 시인, 작사가가 많다.

## 꼭지형 이마-여성형
## (감정 직감적 사고형)

- 머리가 난 부위의 중앙이 조금 내려와 있다.
- 여성에게 많은 이마이다.
- 감정이나 직감을 따라 움직인다.
- 날카로운 감각을 가지고 있으며, 결벽증이 있다.
- 참을성이 많고 의지가 강하다.
- 배우나 모델, 미용사 등에 적합하다.

## 남성 M자 이마 (추리 논리적 사고형)

- 머리가 난 부위가 M자처럼 조금 후퇴되어 있다.
- 독창적으로 움직인다.
- 이론적인 측면이 많다.
- 손재주가 없다.
- 예술적 재능이나 문재(文才)를 가지고 있다.
- 두뇌가 명석하여 연구자로도 성공한다.

## 여성 M자 이마 (추리 감정적 사고형)

- 머리가 난 부위가 M자처럼 조금 후퇴되어 있다.
- 타인 앞에서 주눅 들지 않는다.
- 머리가 좋고 손재주가 뛰어나 예능 계통에 잘 어울린다.
- 속내를 입 밖으로 드러내지 않는다.
- 본심을 별로 드러내지 않는다.
- 모성애가 강하고 연하를 귀여워한다.

## 혼합형 (각진 이마 C와 꼭지형의 혼합적 사고)

- 머리가 난 부위가 모여 있지 않고 삐죽삐죽 하다.
- 논리적 사고와 감정적 사고가 섞인 사고를 한다.
- 본심과 표면상의 원칙을 사용하거나 나누는 재주가 있다.
- 머리 회전이 빨라 책략가가 많다.

## 3. 이마의 주름 종류와 길흉

이마 주위의 주름은 신경계로, 이마 바로 뒤에 있는 전뇌의 활동과 관련이 있다. 외부 충격에 따라 뇌는 뇌파의 형태로 나타나는데, 무질서한 활동이 무질서하고 혼돈된 주름을 나타내고, 뇌의 올바른 활동은 이마의 형태와 이마에 나타나는 주름 모양에 좋은 영향을 미친다.

이마에는 3개의 전형적인 주름이 있다. 윗주름의 모양은 이상을 향한 태도와 윗사람과의 관계를 나타낸다. 가운데 주름은 인격이나 자아의 힘, 본인의 재산, 건강을 나타낸다. 그리고 가장 아래에 있는 주름은 아랫사람과의 관계나 자손과의 관계, 가정, 명예를 나타낸다.

3개의 주름 중에서 가운데 주름만 선명하면 지도자가 될 기질이 있다. 적절히 사용하면 다른 사람들을 하나로 이끌 수 있는 카리스마를 지닌다. 가장 위의 주름만 선명한 사람은 매우 이상적이지만 비현실적인 면이 있다. 이런 사람은 인격과 자신에 대한 신념, 그리고 세상에 대한 이해를 발전시키기 위해 열심히 일해야 한다. 반대로 가장 아래 주름만 가진 사람은 삶을 대체로 물질적 안정면으로만 본다. 그래서 정신적인 일은 매우 추상적이고 일상과는 무관한 것으로 취급하는 경향이 있다.

- 하나의 끊어지지 않은 주름은 꾸준한 건강과 지속적인 생명력을 뜻한다. 불규칙하면서 짧은 주름이 있는 사람은 직업이 있으면 생활이 안정되지만 사업을 하는 경우에는 망하거나 근친과 인연이 없거나 병약하여 초년에 낙이 없을 가능성이 있다.

- 눈썹 사이, 코 바로 위의 세로 주름은 간의 상태를 나타낸다. 대부분의 사람은 여기에 두 개의 평행한 세로 주름이 있다. 간 기능이 좋으면 이 주름들은

약하고 얇다. 그러나 이곳의 주름이 깊으면 간에 약간의 문제가 있거나 울혈되어 있을 가능성이 있다. 규칙적인 과민성 발작과 울컥 치미는 분노로 고통받을 수 있다. 눈썹 사이에 세 줄의 주름이 있는 사람도 있는데, 이 주름들이 얇으면 심한 좌절이나 분노, 부적절한 식습관 그리고 술로 인해 간에 문제가 생길 수 있다. 만약 이 주름이 깊다면 사고 위험에 처해 있다고 할 수 있다.

- 눈썹 사이에 하나의 주름이 있는 사람은 대부분 성격과 의지가 강해서 심각한 간 질환에 걸릴 수 있다. 많은 사람이 이 하나의 주름을 가지고 있는데, 그것은 개인적 위기, 그중에서도 특히 중년의 위기 이후에 나타난다. 이들은 술을 줄여야 하고 기름진 음식이나 당이 많이 들어간 음식, 식품 첨가제, 백미 등의 정제된 곡식을 피해야 한다.

### 횡삼문(橫三紋)

이마에 석 삼(三)자 주름이 있는 사람은 남성의 경우 아버지를, 여성의 경우 남편을 일찍 여읜다.

### 절곡문(折曲紋)

한 일(一)자의 가로 금이 곧지 않고 굽어 있어서 뱀이 기어가는 것 같다고 하여 사행문이라고도 한다. 길을 가다 도로에서 죽기 쉽다.

### 앙월문(仰月紋)

이마에서 위를 향해 있는 주름으로, 대귀(大貴)를 주관한다.

### 천자문(川字紋)

주름이 길면 사업을 성취하고 장수하나 짧으면 흉액이 있고 자손을 극한다. 또한 천자문이 짧은 사람은 총명하다. 인당에 있으면서 흉(凶)하다.

### 교차문(交叉紋)

이마 위에 교차문이 있으면 형벌로 죽는다.

### 팔자문(八字紋)

미간에서 인당까지 뻗어 있고 산근까지 뻗어 있으면 형벌을 받거나 아내에게 해롭다. 장수하지만 일신이 수고롭고 너무 길면 두통이 있다.

### 현침문(懸針紋)

인당에 있으면 부모를 극하고, 자식운과 부부운도 좋지 않으며, 고향을 떠나 산다.

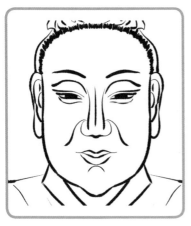

### 조문(祖紋), 종문(縱紋)

조문: 콧등에 있거나 인중에 있으면 남의 자식을 기르게 된다.

종문: 콧등에 있으면 남의 자식을 기른다.

### 횡문(橫紋)

횡문이 콧등에 있으면 자식을 극하고, 48~50세에 이르러 집을 나가거나 여성의 경우 난산을 한다.

### 교차문(交叉紋), 교검문(交劍紋)

교차문: 인당에 있으면 남성은 아내를 극하고, 여성은 남편을 극하며 일생을 고생한다.

교검문: 인당에 교검문이 있으면 칼날에 죽는다.

### 정문(井紋), 나망문(羅網紋)

정문: 눈 아래에 있으면 자살할 가능성이 있으며, 이마에 있으면 귀(貴)를 주관한다.

나망문: 눈 아래에 있으면 고독을 주관하고, 일생을 범죄자로 살아갈 수 있다.

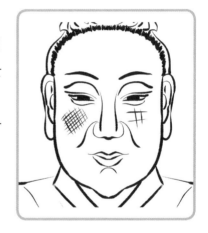

### 쌍법령(雙法令)

여성이나 남성 모두 두 번 결혼하거나 동시에 두 가지 업종의 일을 한다(만약 법령선의 끝이 입으로 들어가면 외롭거나 굶어 죽는다).

### 횡문삽입미(橫紋揷入眉)

형제와 부모를 극하고, 형벌로 감옥에 들어갈 수 있다.

### 횡문삽관(橫紋揷觀)

교통 사고를 당한다. 남성은 왼쪽, 여성은 오른쪽에 있으면 백발백중이다.

### 천주문(天柱紋)

현침문과 구분되며, 천중 부위에서 인당까지 직선을 이루며 내려오는 것을 말한다. 천주문이 있으면 대귀하다.

## 4. 17가지 주름의 종류와 길흉

## (1) 현침문(懸針紋)

미간 중앙에서 이마를 향해 나타난 주름으로, 이런 주름이 있는 사람들은 의지가 강하고 오기가 있으며 모든 일에 열심인 경우가 많다. 어느 한 분야의 권위자인 사람들에게서도 자주 볼 수 있다. 일상에서는 불만이 많아 잔소리가 잦고 돈에 대해 꼼꼼한 편이다. 고향을 떠나 성공하는 운명이다.

## (2) 검난문(劍難紋)

미간에서 이마의 가운데를 향해 약간 비스듬하게 나타난 주름으로, 오른쪽(본인의 왼쪽) 옆에 나타난 주름이 있는 경우 투쟁심이 강하고, 타인에게 상처를 입힐 수 있다. 이와 반대로 왼쪽(본인의 오른쪽) 옆에 나타난 주름이 있는 경우에는 겁이 많고 타인이나 적에게 습격을 당하기 쉽다. 미간 양쪽으로 서 있는 주름은 사색가의 관상이다.

## (3) 겸업문(兼業紋)

눈썹을 위에서부터 둘러싸는 것과 같은 모습의 주름으로, 고전적인 인상의 교과서에서는 '부업을 가지고 있는 사람의 관상'이라고 했지만 반드시 그런 것은 아니다. 본인이 가지고 있는 지식이나 아이디어, 특수 기술 등을 돈벌이에 연결하는 재능이 있다. 약간 탐욕적이기도 하다.

## (4) 위쪽 눈꺼풀이 겹쳐지는 형태의 긴 옆 주름

눈 아래쪽이 움푹 패인 곳으로 가정운이 좋지 않은 관상이다. 특히 부모와 자식 간의 인연이 적어 일찍부터 부모와 떨어져 산다. 계속 함께 살 경우 트러블이 많다.

## (5) 어미문(魚尾紋)

눈초리의 주름으로, 약간 위쪽으로 올라가 이마의 머리카락 부분에 이르는 주름을 말한다. 이 주름은 중노년이 되면 대부분의 사람에게 나타나는데, 특히 그 중 1개가 길게 새겨진 사람은 통솔력이 있어 지도자가 되며, 부하나 후배들에게 도 깊은 신뢰를 얻는다. 후계자 운도 좋고 배우자 운도 좋지만 애인이 생기기 쉬 운 경향이 있다.

## (6)중조문(重操紋)

쌍꺼풀의 기점과 종점이 눈에서 떨어져 있는 것으로 쌍꺼풀의 선을 말하기도 한다. 이 주름은 어느 한쪽이 눈에 연결된 것이지만 가까이에 있으면서 그 양쪽 모두 눈에서 떨어져 있는 사람은 남들보다 조숙하고 성에 일찍 눈을 떠서, 여성 의 경우 이른 나이에 남성 편력을 거듭하게 된다. 정식 입적이나 결혼 등의 인연 이 없는 사람에게 많은 상이다.

## (7)누당문(淚堂紋)

비교적 긴 주름으로 나타나는데, 남녀 모두 아이와 인연이 적으며, 아이와 떨어 져 살 가능성이 높다. 길면 길수록 함께 사는 것이 더 어려워진다.

## (8)여성에게서 주로 나타나는 주름

이성운이 좋지 않은 상의 하나로, 대체로 결혼을 하지 못하거나 연인이나 배우 자 때문에 많은 고생을 한다. 남녀 모두 재혼할 상이다.

## (9) 이중 누당문

아랫사람이나 후배운, 자손운 등을 모두 타고난 형태로, 지저분한 인상의 누당 이나 주름이 되지 않게 해야 한다. 위치상으로 볼 때 이중선의 상부가 자식운이 고 중간 부분이 부하운을 의미한다. 사실상 둘이면서 하나처럼 보이는 부위다. 마치 부푼 듯이 보이는 것이 중요하다.

## (10) 일거(一擧)

미간의 약간 아래 또는 산근 부분에 가로로 난 1개의 주름으로, 초혼에 실패하거나 자식들이 가업을 잇지 못하는 상이다. 이 가로 선이 2개 이상 나타나는 것은 '권위의 상'으로 항상 명령내리는 사람에게서 자주 볼 수 있다.

## (11) 양자문(養子紋)

산근에서부터 코끝을 향해 직선으로 생긴 주름을 양자문이라 하는데, 평상시에도 있는 사람이 있고 웃을 때만 나타나는 사람도 있다. 일반적으로 1개로, 친자식과 인연이 적은 사람에게서 많이 볼 수 있다. 3개가 나타나는 경우 가운데의 줄기가 길면 스스로 양자에게 향하는 상이 되고, 가운데의 줄기가 짧으면 양자를 맞이하는 상이 되거나 데릴사위가 될 가능성이 있다.

## (12)법령횡문(法令橫紋)

이 주름이 있는 사람은 질투심이 많고, 사소한 일로 친한 사람에게 원한을 품는 일이 많다. 집착이 강하고, 대인관계에서도 문제가 생기기 쉽다.

## (13) 법령선 안쪽(식록)에 있는 방사선상 주름

일반적으로 나이가 많은 사람에게 나타난다. 우애 깊은 자식을 두고, 만년에는 그 자식들로부터 생활에 도움을 받는다. 이혼한 아들의 부인이나 손자인 경우에도 해당한다.

## (14) 아랫입술과 아래턱 사이에 나타나는 궁상의 가로선

미각이 예민해서 음식 관련 분야에서 크게 성공할 상이다. 소믈리에나 요리장 등에게서 자주 볼 수 있는 주름이다. 만년운이 좋으며, 가정적으로도 운이 좋다.

(15) 입꼬리에서 나타나 아래로 처진 주름

이런 주름을 가진 사람은 자신의 주장과 사상이 투철하여 실천력이 강하다.

(16) 양쪽 뺨에 나타난 독특한 모양의 깊은 주름

대화나 접객, 교섭, 거래 등에 재능이 있다. 외교 수완이 뛰어난 사람에게서도 자주 볼 수 있다. 특히 외부 교제를 통한 교섭에 관해서는 절대적인 자신감을 가지고 있다.

(17)환대문(歡待紋)

상하 입술, 특히 아랫입술 쪽에 다수 새겨지는 세로 주름이다. 세로 주름이 많은 사람은 정이 많고 다정다감하여 상대와의 대화나 회식에 기쁨을 느낀다. 여성의 경우 유혹에 약하고 잘 속지만 인기가 많다.

## 5. 얼굴에 난 점의 위치와 길흉

상법에서는 점을 여러 가지로 구분하는데, 지(痣)란 살보다 약간 높이 솟은 것으로서 사마귀를 말한다. 흔(痕)이란 살보다 낮고 파인 것으로 흠이나 곰보를 말하고, 점(点)이란 살 위로 약간 솟아있거나, 평평한 것으로 점이나 주근깨라고 하며, 반(斑)이란 살 속에 묻혀 평평한 것으로서 검버섯이나 저승꽃이라고 한다.

점은 여러 가지 색으로 나타나는데, 흑색은 사망과 사고, 형벌과 상병을 나타낸다. 백색은 슬픈 일과 놀라는 일 및 상복을 입는 일을 나타내며, 황색은 실물과 도난을 나타내고, 청색은 근심과 걱정을, 그리고 적색은 관재구설과 송사 및 화재를 나타낸다.

점은 보이는 점과 숨은 점으로 구분되는데, 얼굴에 생긴 것은 보이는 점이고, 몸에 난 것은 숨은 점이다. 점 위에 털이 나면 좋은 점으로 교양이 있고, 가슴에 점이 나면 지혜로우며, 배에 점이 나면 관리가 되어 복록을 먹는다.

---

### 46개 남자 점 명칭과 의미

❶ 길(吉) ❷ 성폭(性暴) ❸ 방부(妨父) ❹ 호관(好官) ❺ 공사(公事) ❻ 대부(大富) ❼ 대길(大吉) ❽ 객사(客死) ❾ 거부(巨富) ❿ 불의입산(不宜入山) ⓫ 수요(壽夭) ⓬ 대부(大富) ⓭ 관귀(官貴) ⓮ 산재(散財) ⓯ 대관(大官) ⓰ 흉(凶) ⓱ 의관(宜官) ⓲ 부(富) ⓳ 흉(凶) ⓴ 액(厄) ㉑ 흉(凶) ㉒ 관(官) ㉓ 흉(凶) ㉔ 패(敗) ㉕ 흉(凶) ㉖ 흉(凶) ㉗ 방남(妨男) ㉘ 방부(妨父) ㉙ 방처(妨妻) ㉚ 방녀(妨女) ㉛ 소녀(少女) ㉜ 방자(放子) ㉝ 길(吉) ㉞ 파(破) ㉟ 빈(貧) ㊱ 극처(克妻) ㊲ 액(厄) ㊳ 식록(食祿) ㊴ 주주(主酒) ㊵ 소전택(少田宅) ㊶ 아사(餓死) ㊷ 방노비(妨奴婢) ㊸ 구설(口舌) ㊹ 득외재(得外財) ㊺ 귀(貴) ㊻ 길(吉)

1) 남자 얼굴에 난 점의 위치와 의미

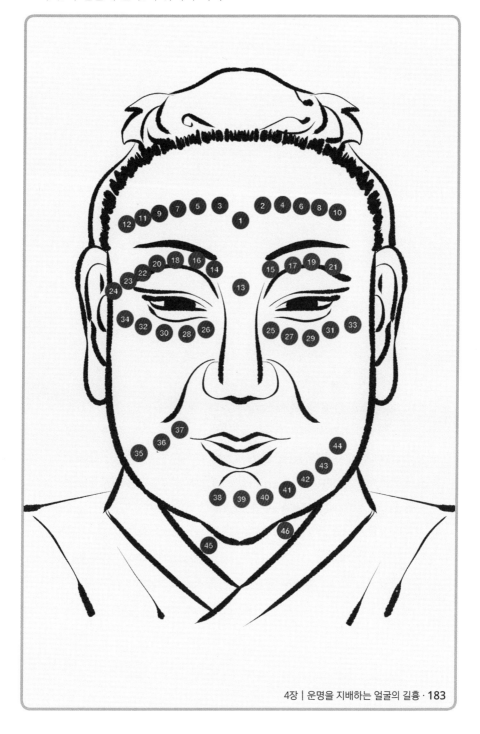

여자의 점과 남자의 점은 같은 부위에 난 점이라도 그 길흉화복이 여자와 남자는 서로 다르게 나타난다. 같은 명궁 주위에 난점도 남자는 좋게 해석하나, 여자의 경우 방부妨夫 즉 남자의 앞길을 가로 막는다 하여 흉하게 보고, 코 끝 준두에 난 점은 남녀 모두 흉하게 본다. 따라서 남자의 점을 보는 방법과는 달리, 여자의 경우 점이 난 위치와 점의 색깔을 보고 그것이 한평생의 운명에 어떠한 영향을 미치게 될 것인지를 잘 살펴야 한다.

---

## 46개 여자 점 명칭과 의미

❶ 군왕부(君王夫) ❷ 구부(九夫) ❸ 방부모(妨父母) ❹ 소노(少奴) ❺ 재가(再嫁) ❻ 해친(害親) ❼ 방부(妨父),방부(妨夫) ❽ 객사(客死) ❾ 손부(損夫) ❿ 산액(産厄) ⓫ 방부(妨夫) ⓬ 길(吉) ⓭ 부리(夫離) ⓮ 의부(宜夫) ⓯ 옥(獄) ⓰ 의잠(宜蚕) ⓱ 의자(宜子) ⓲ 귀부(貴夫) ⓳ 방부(妨夫) ⓴ 장명(長命) ㉑ 액(厄) ㉒ 겁도(劫盜) ㉓ 장길(長吉) ㉔ 호간(好奸) ㉕ 소자(少子) ㉖ 화액(火厄) ㉗ 흉(凶) ㉘ 방자(妨子) ㉙ 곡부(哭夫) ㉚ 호색(好色) ㉛ 자진(自盡) ㉜ 투기(妬忌) ㉝ 수액(水厄) ㉞ 쌍생(雙生) ㉟ 살사자(殺四子) ㊱ 구설(口舌) ㊲ 방부(妨夫) ㊳ 경부(敬夫) ㊴ 총명(聰明) ㊵ 수액(水厄) ㊶ 질고(疾苦) ㊷ 소전택(少田宅) ㊸ 방비(妨婢) ㊹ 대귀(大貴) ㊺ 살부(殺夫) ㊻ 자해(自害)

## 2) 여자 얼굴에 난 점의 위치와 의미

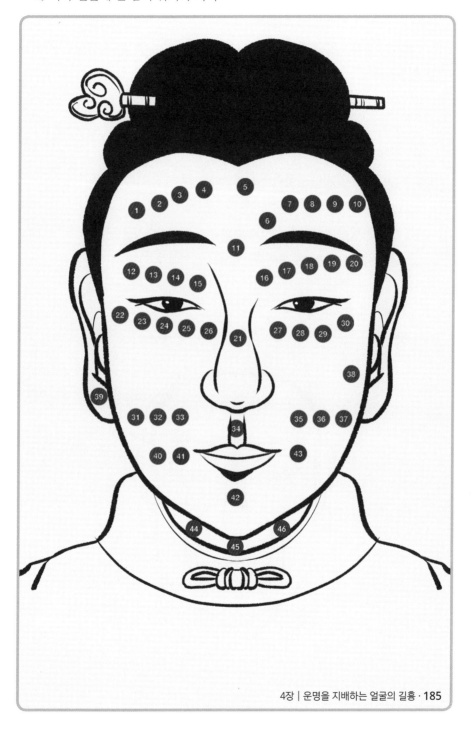

## 6.법령(法令)

법령은 말 그대로 법을 맡아 호령하는 기관이니 어린이는 아직 법을 알지 못하므로 법령이 생기지 않고, 대개 20세가 넘어 성년이 되어야 비로소 법령이 생긴다. 법령은 코끝 좌우로부터 입가로 길게 뻗친 금을 이른다. 대운은 입과 함께 55~64세까지 지배하고, 소운은 56세, 57세 두 해를 지배한다.

- 법령선이 입으로 들어가면 굶어 죽을 상이다.
- 법령선이 입 끝을 지나지 못하면 단명한다.
- 법령이 분명치 못한 자는 위법을 할 상이다.
- 법령에 붉은 빛이 윤택하면 사령장을 받고 검으면 파면장을 받는다.
- 법령선을 세력선이라고도 하는데, 자신의 권역을 지키는 세력선이라는 의미다.

2개의 법령선이 있는 관상

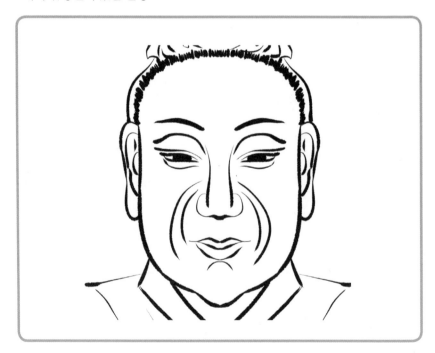

- 입이 크면서 술을 지나치게 좋아하는 사람은 좌우 법령선의 범위가 넓다. 범위의 정도가 업무상의 능력이라고 보면 된다. 이 선이 선명한 사람은 타인에게는 물론 자신에게도 엄격하다.

- 법령선은 사업, 직업, 권위, 수명 등의 성쇠나 장단을 판단한다. 법령선은 선명하고 깊고 팔(八)자 모양으로 열려 있고 중간에 끊어지지 않아야 길하다. 법령선은 보통 코밑이 1세, 구각이 60세로 붉은 점이나 사마귀, 검은 점, 상처의 흔적을 찾아 그 위치와 크기, 그리고 색의 농담이나 미추(美醜)등으로 사업운이나 직업운, 권위, 수명 등을 판단한다.

- 법령선이 나타나지 않거나 불명확한 사람은 매사에 게으름을 피우고 전직을 자주 한다. 여성의 경우 바람기가 많다. 법령선이 검은 점이나 여드름, 사마귀나 상처 등으로 끊어져 있는 사람은 정리해고나 사고 등의 재난이 많다. 법령선이 2개 있으면 여성의 경우 재혼이나 만혼, 불륜의 관상이며, 남성의 경우에는 불륜이나 두 가정을 갖는 상이다. 법령선에 핑크색이 돌면 사업이나 직업, 권위, 수명 등이 양호하다는 것을 의미한다.

- 법령선은 사업운과 관련이 많으므로 법령선을 통해 사업운을 살핀다. 법령선은 콧망울 밑에서부터 입 끝으로 향하는 주름을 말한다. 이 주름은 자신의 영역을 지키는 세력선이라 할 수 있다. 입이 크거나 술을 지나치게 좋아하는 사람은 좌우 법령선의 범위가 넓다. 범위가 넓을수록 사업과 업무에 뛰어나다. 이 선이 선명하고 분명한 사람은 타인에게 엄격하고 자신에게도 엄격하다.

- 성공할 수 있는 수완가의 인상은 눈이 가늘고(감정을 드러내지 않음), 코가 크고(자기중심적, 저돌적), 입이 옆으로 크며 약간 들어가 있는 듯한 느낌(인

정이 없음)의 인상을 가지고 있으며 법령선이 선명해야 한다. 법령선이 2개이면 부업을 갖는다고 하는데, 주부의 역할을 하면서 남편이 운영하는 곳에서 일을 도와준다거나 직접 큰 회사를 운영할 수도 있다. 법령선이 2개인 사람은 여러 가지 면에서 자신의 능력과 수완을 발휘한다.

· 법령선이 없는 사람은 스스로 자신을 지킬 수 없다. 다른 사람의 책임을 추궁하지 않기 때문에 겉으로는 상냥한 사람으로 보이지만 약속을 잘 지키지 않거나 투쟁심과 노력이 부족한 경우가 많다. 또 법령선이 없는 사람은 타인과의 경쟁에서 밀리면 바로 포기해 버리는 경향이 있다.

· 법령선이 미색을 띠며 하얗게 빛나면 모든 일이 잘 풀린다. 전업 주부의 경우 남편의 사업에 만족하면 본인에게도 미색의 법령선이 나타난다. 만약 커피색이 돌면 사업이나 일이 잘 풀리지 않거나 자신의 일에 큰 흥미가 없음을 뜻한다.

## 7. 관골(顴骨, 또는 서악(西岳))

얼굴의 5악 중에서 양 광대뼈는 동악과 서악에 해당한다. 중악인 코를 양쪽에서 보좌하는 신하와 같은 역할을 하기도 한다. 따라서 코가 아무리 잘 갖추어져 있어도 보좌 역할을 하는 광대뼈에 맺힌 데가 없으면 아무 소용이 없다. 얼굴의 아름다움이라고 하는 관점에서 보면 광대뼈는 얼굴 윤곽을 결정하는 역할을 하는데, 포동포동하게 나와 있거나 패이고 죽은 곳이 있으면 얼굴의 품위가 바뀐다. 상법에서는 광대뼈로 권세와 성품, 사회성 등을 살핀다.

광대뼈는 높고 돌출되어 있으며 살집이 좋은 것이 길(吉)격이다. 높이 돌출되어 있지만 뼈만 돌출되어 있는 형태는 좋지 않다. 얇고 빈약하면 기세가 약하다. 뼈는 양(陽), 근육은 음(陰)을 나타내므로 음양이 적당히 조화를 이루는 것이 좋다. 일반적으로 뺨이 포동포동하고 풍부한 사람은 의지가 강하고 행동력이 뛰어나며 인기와 칭찬에 민감하다. 이와 반대로 빈약한 뺨을 가진 사람은 조용하고 여성적이며 점잖다. 뺨에 살이 너무 많이 붙어 늘어져 버리면 운기도 그만큼 나빠진다. 뺨이 야위어 뼈와 가죽만 남은 사람은 자기주장이 강하고 성격이 격렬하다. 코가 궁상스럽고 광대뼈만 큰 사람은 남 앞에 나서기를 좋아하고, 남의 일을 살펴 주는 것도 좋아한다.

앞에서도 밝혔듯이 관골은 코를 보좌하는 신하와 같기 때문에 코가 아무리 잘생겼어도 관골이 솟지 않아서 보좌 역할을 다하지 못하면 아무리 훌륭한 성군이라 해도 신하가 어질지 못해 정치를 그르치는 꼴과 같다. 그러므로 코는 약간 부족해도 관골이 좋아야 한다. 이는 비록 임금이 밝지 못해도 신하가 보좌를 잘하면 백성이 편한 것과 같다. 대운은 40~54세까지를 지배하고, 소운은 46~47세 두 해를 지배한다.

- 관골은 높이 솟고 살집이 좋아야 한다.
- 낮거나 뼈가 불거지면 좋지 않다.
- 높이 솟은 자는 권세가 있고, 낮거나 깎인 자는 무세(無勢)하다.
- 관골의 뼈가 불거지면 고단하다.
- 골이 관골 옆으로 뻗으면 흉악하다.
- 관골이 옆으로 돌출되어 있으면 저항심이 있다.
- 관골이 앞으로 돌출되어 있으면 공격력이 있다.
- 관골이 돌출되어 있고 입 옆의 볼살이 없는 사람은 사랑보다 신뢰를 중시한다.
- 관골이 크고 코끝이 큰 사람은 자신감이 있다. 하지만 이런 사람이 사장일 경우 아랫사람이 성장하지 못한다. 모든 것을 스스로 처리하기 때문이다.

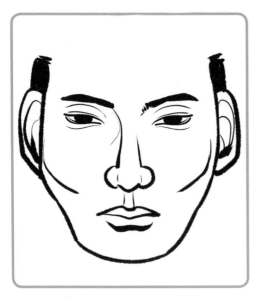

**옆으로 길게 돌출된 광대뼈**

광대뼈가 옆으로 길게 돌출된 사람은 자신을 전면에 내세우는 데 서툴다. 하지만 인내심이 강해 뒤에서 돕는 일을 잘한다. 옆으로 길게 돌출된 광대뼈 경우 3가지 유형으로 나뉘는데, 광대뼈가 위쪽을 향해 붙어 있는 사람은 학자나 예술가등에 어울리고, 아래쪽을 향해 있는 사람은 끈질기고 조금 음험한 편이다. 광대뼈가 옆으로 많이 돌출된 사람은 성격이 흉폭하고 과격하며, 여성의 경우 남편과 이별할 가능성이 높다.

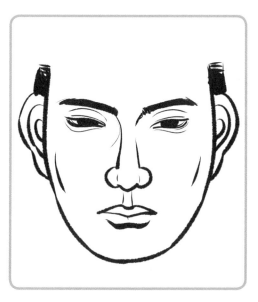

**앞으로 돌출된 광대뼈**

광대뼈가 앞으로 돌출된 사람은 적극적이고 건강하다. 그러나 성격이 급해 경솔한 면이 있으며, 분쟁이나 싸움에 관련되는 일이 많다. 아집에 사로잡혀 완고하고 지기 싫어하는 경향을 보이며, 투쟁심이 강한 타입이다.

**살집이 좋은 광대뼈**

코가 크게 부풀어 올라 있고 좌우 광대뼈가 균형을 이루어 살집이 두꺼운 사람은 재운이 있다. 이마와 턱, 광대뼈가 모두 코를 향해 부풀어 올라 있고 마주 보는 듯한 사람은 말년까지 재운이 좋다. 단, 살이 지나치게 많이 붙어서 탄력이 없거나 피부색이 좋지 않은 사람은 예외다.

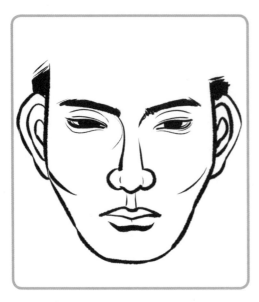

## 살집이 약한 광대뼈

광대뼈는 발달되어 있지만 살집이 얇고 뼈만 눈에 띄는 사람은 적극적이지만 세련되지 못하고, 협조성과 융통성이 없어, 혼자 잘 난척하는 경향이 많다. 뺨이 한층 더 세로로 돌출된 사람은 마음이 불안정하고 말싸움이 끊이지 않는다. 타인의 일을 대신 맡아도 돌아오는 이익이 없다.

## 광대뼈와 턱이 발달한 형

여성의 경우 광대뼈가 발달하고 턱뼈가 나와 있으면 성격이 남성적이다. 의지가 강해서 활동적이므로 가장 역할을 많이 한다.

## 8. 턱

턱은 얼굴의 가장 아랫부분에 위치하여 입을 여닫기 위해 움직이는 기관이다. 입에 명령을 내려 움직인다. 즉 부하를 움직이는 사령관의 역할을 하므로 노복궁이라 하며, 현대적인 의미로 부하궁이라고 한다. 5악 중에는 북악에 해당하며, 수성이다. 이마와 뺨, 코와 함께 산맥을 만들어 얼굴을 완성시키는 부분이기도 하다. 얼굴을 위에서부터 삼등분했을 때, 상·중·하정 가운데 하정에 해당하고, 말년운을 나타낸다. 상법에서는 '턱을 통하여 부하를 본다.'고 하지만 현대적인 의미로는 권위와 지위, 리더십을 나타낸다.

턱에는 지고(地庫)라는 창고가 있어서 턱을 통해서도 코처럼 재산의 저축 정도를 볼 수 있다. 턱의 형태를 통해 기질과 자질을 헤아릴 수도 있다. 고서에는 "북악(턱)이 날카롭고 얇은 사람은 말년에 종종 실패를 보며, 고귀한 존재가 되는 것은 거의 있을 수 없다."고 하였다.

### 주걱턱

턱이 앞으로 나와 있는 것을 주걱턱이라고 한다. 대담하고 자기애가 매우 강하다. 권력을 가져 자신의 영역을 지키는 힘은 있지만, 타인을 억압해 적을 만들기 쉽다. 노복궁이 부풀어 있지만 넓지 않기 때문에 아랫사람의 도움을 받기가 어렵고 말년운이 좋지 않다.

## 무턱

주걱턱과 반대로 턱이 없는 무턱으로, 인내심이 없고 무슨 일을 해도 곧바로 싫증을 내며 꿰뚫는 힘이 약하다. 또 감정의 기복도 심하다. 턱이 궁상맞아도 이마가 넓으면 추진력보다 사고력이 뛰어나다. 말년운은 좋은 편이지만 중년에 사업을 성공하려면 노력해야 한다.

## 둥근턱

둥근 턱을 가진 사람은 가정에서 신망이 두텁다. 애정이 깊고 주위로부터 사랑받는다. 적당히 완고하며, 타인을 배려하는 마음도 있어서 세상을 원만하게 살아간다.

### 사각턱

사각 턱을 가진 사람은 강한 의사를 가지고 있다. 명령받는 것을 싫어하고, 자수성가하는 타입이다. 근면하면서도 완고하며, 청렴하고 무뚝뚝한 것이 매력이다.

### 뾰족한 턱

턱이 뾰족한 사람은 감정이 강한 사람에게서 많이 볼 수 있다. 아랫사람을 움직이는 방법을 모르고 고상한 것을 좋아하는 성격으로, 예술가나 학자에게 적합하다. 의지가 약하고, 자신의 좁은 생각에 사로잡히기 쉽다. 비록 지위가 높아 많은 사람을 통솔하게 된다 해도 오랫동안 지속하지 못하며, 아랫사람에게 배신당할 수 있다.

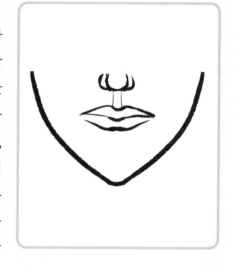

### 이중턱

이중 턱을 가진 사람은 많은 사람을 통솔하는 자리에 오른다. 광대뼈와 뺨도 두껍고, 코를 중심으로 오악이 서로 잘 화합하면 더욱 좋다. 애정과 인덕이 있으며, 도량도 넓어 리더에게 적합하다. 재운도 좋고 여유 있는 생활을 영위하며, 말년운도 좋다.

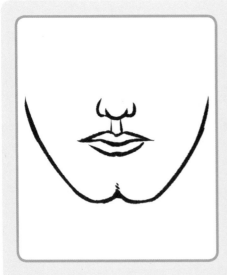

### 나누어진 턱

턱 한가운데가 갈라져 있는 턱을 가진 사람은 본래 턱이 가지고 있는 좋은 운을 모두 가지고 있는 것은 아니다. 그러나 정열적인 기질을 가진 사람이 대부분이어서 한 분야에 몰두하는 경우가 많다. 창작력이 뛰어나고 예능 방면에 소질이 있어 인기가 많다.

오관五官

# 5장

◇ —————————————————

# 기색(氣色)으로 본 길흉

## 1. 기색이란

# 5장 ◇ 기색(氣色)으로 본 길흉

## 1. 기색이란

관상학에서 기(氣)는 오장육부의 여정으로서, 인체의 피부 안에 있는 것을 말하며, 피부 밖으로 나타나는 것은 색(色)이라고 한다. <마의상법>에서는 "골격은 일생의 영고성쇠(榮枯盛衰)가 되고, 기색은 행년의 길흉을 정한다." 하여, 기색을 통해 살피는 운의 시간적 기준을 유년으로 정의하고 있다. <유장상법>에서도 "골격으로 인생의 빈부를 정하고, 부위로 일생의 성장과 쇠락을 정하고, 형체와 정신이 바뀌는 것을 정하고, 기색으로 그해의 길흉을 정한다."라고 하는데, 이를 통해 두 상서의 기색에 대한 서술이 유사함을 알 수 있다.

### 1)청색

청색은 오행으로는 자연 만물이 생성되는 목(木)의 색이며, 동쪽의 색이다. 안으로는 오장의 간에 응하고, 푸르면서도 밝아야 좋다. 관상학에서 청색은 주로 좋은 징조가 아니다. 근심과 걱정이 생기거나, 일이 꼬이거나 질병이 생기는 등의 안 좋은 일이 일어날 때 나타난다. 이러한 청색에 대해 <마의상법>에서는 죽는 기색이라 하여, 매우 안 좋은 색으로 설명하고 있다.

청색은 죽음이나 질병과 관계가 많은 색으로, 관골이나 입가에 나타나면 사망에 이른다고 하였다. 또한 청색은 근심과 놀람, 재앙 등과 관련되어 있다. 특히 오행에서 상극의 자리인 서쪽, 즉 우측 관골에 나타나면 즉시 그 재액이 발생한다. 그러나 이와는 반대로 동쪽에 뜨거나 그 빛이 광윤하면 오히려 길한 기운이다. 즉 특정 부위에 청색이 뜨는 경우에도 오행상 본래의 자리에 나타나고, 그 빛이 밝고 맑으면 길한 기색이라고 할 수 있다.

재앙,질병,근심 등과 관련이 있다는 청색에 대해 <유장상법>에서는 또한 "청색이 많고 안에 황색이 뜨면, 근심 중에 반대로 재물과 기쁨이 있다"고 하였다. 청색 가운데 밝은 기색이 나타나면 죽음을 면하고, 황색이 자리하고 있으면 황색의 길기(吉氣)가 작용하여 재물을 얻는 기쁨도 있다는 의미이다. 목극토(木剋土)의 오행 생극의 이치에 의해 목(木)은 토(土)를 제어하는 오행이면서, 명리 이론에 의하면 재물이다. 따라서 목의 색인 청색이 토의 색인 황색을 만나면 재물을 취할 수 있다.

## 2)황색

황색은 오행에서 중앙에 자리하고 있는 토(土)의 색이며, 안으로는 오장의 지라(脾)에 응한다. 예로부터 황색은 토지, 즉 재물과 연관이 있다 하였고, 황금빛처럼 누렇고 윤택하면 좋은 색이다. 따라서 황색이 뜨면 좋은 일이 발생하고 기쁜 일이 생길 징조가 높다.

<유장상법>에서는 이러한 황색이 뜨는 기색에 대해 "토지(土地)신인 코에 황색이 나타나면, 재록이 왕성하여 거듭 차고 만사형통한다."고 하였다. 황색이 제자리에 온전하게 나타나면 재물복과 함께 모든 일이 잘 풀린다는 말이다. 또한 <마의상법>에서는 "황홍색이 얼굴에 가득하면 재물이 일어나 집안이 저절로 평안하고 건강하다."고 하여, 홍색과 어우러진 황색이 얼굴에 드러나면 역시 재록이 풍성하고 심신이 편안하다 하였다. 또한, 이러한 황색 기운은 이마, 인당과 같은 얼굴 정면에 나타나면 좋은 기색이다.

<마의상법>에서는 길기(吉氣)로서 황색이 주는 조짐에 대해 다음과 같이 설명하고 있다.

> 무릇 황색 기운이 동전이나 달과 같이...(중략)...천정 고광으로부터 아래로 인당 눈썹 위로 접하고, 옆으로 눈 주위와 준두 현벽에 상응하면, 관리는 반드시 영전하고, 선비는 반드시 과거급제하고, 보통 사람은 재산을 얻고 생산에 힘쓴다.

또한 <유장상법>에서는 "황색이 나타나고 안으로 홍색이 없으면 반대로 묘하지 않다." 거나 "홍색이 이마에 나타나서 떨어져 있는 턱까지 이르면 식록이 천석에 이른다." 하여, 홍색에는 홍색 기운이 함께 하여야 비로소 온전히 길기를 발휘한다고 하였다.

이를 통해 코와 이마 등에 재록과 같은 좋은 운세가 나타나기 위해서는 황색이 떠야 하고, 그 황색이 온전하게 기운을 발휘하기 위해서는 홍색이 은은하게 뒷받침을 해줘야 한다는 것을 알 수 있다. 물론 모든 기색에서와 마찬가지로 황색이 늘 좋은 기색의 작용을 하는 것만은 아니다. 각 부위의 오행 생극과 색의 온전한 위치인지 등을 항상 자세히 살펴야 한다.

### 3)흑색

흑색은 북방의 색으로 오행으로는 수(水)의 색이다. 안으로는 오장의 콩팥에 응한다. 흑색은 예로부터 어느 부위든 뜨면 재앙이 있다 하여, 재물에 손실을 보거나 질병, 형벌, 사망 등과 관련된 흉기(凶氣)로 알려졌다. 다만, 수형인(水形人)의 경우에는 예외의 경우로, 재물을 얻는 등의 길한 작용을 하는 경우가 있다.
<마의상법>에서는 "흑색은 주로 사망하고, 수옥살(囚獄殺)에 파산하고 이마에 검은 안개는 백일 이내에 예사롭지 않은 병으로 사망하거나 파면당한다." 고 하여, 흑색이 흉기임을 분명히 하고 있다. 오행에서 북방 수(水)는 만물이 모든 활동을 멈추고 새로운 잉태를 준비하는 단계이다. 수의 색인 흑색은 이러한 특징을 내포하고 있다. 그러나 관상에서 흑색은 새로운 시작의 의미보다 멈춤의 의미가 크다. 그래서 죽음, 재앙 등과 관련이 있다. 이는 신체 장부가 기능을 잃거나, 몸 안의 정(精)과 기(氣)가 약해져서 나타나는 결과이다.
<유장상법> 역시 "흑색은 수색으로 신경에서 발하며, 어느 곳을 불문하고 재앙에 처한다."라고 하여, 흑색의 해로움에 대해 그 궤를 같이하고 있다. 또한 "밝고

맑고 크게 흩어지면, 유독 겨울에 지각 턱에서만 취할 수 있다"라고 하였는데, 흑색이 흉색이라 하여도 오행 본래의 자리에서는 그 쓰임이 가능함을 말한 내용이다. 이와 함께 흉색이 뜬다고 하여 단순하게 길흉으로 결정하지 말라는 주의를 다음과 같이 전하고 있다.

> 홍색을 이루었다고 좋다고 할 수 없고, 각 월 부위에 흑색 백색이 나타났다고 흉하다고 단정할 수 없다. 천변만화하는 오묘한 기밀 중에서 가장 좋은 것은 사람을 살리는 활법이다. 한 가지 길만을 취하지 말라.

이는 상을 보는 사람들이 기색을 살핌에 있어, 단순히 길흉의 이분법적 구분으로 기색을 분별하지 말라는 것이다. 그리고 사람을 살릴 수 있는 방향으로 상을 살펴야, 비로소 온전한 관상이라는 것을 전하고 있다.

### 4)자색

자색은 붉은 계열의 색이다. 언뜻 보면 홍색으로 보이기도 한다. 자색은 그 빛이 붉고 고우며, 흩어지지 않고 은은하다. 피부 안 깊숙한 곳에 있어 마치 구름에 약간 가린 듯한 붉은색을 띤다. 자색은 맑고 선명함 속에 아주 약간의 푸른색 기운이 돈다고 한다.

이러한 자색에 대해 <마의상법>에서는 "모든 자기는 귀한 기색이다. 주로 황제의 명이나 조칙을 받고 임금을 대면하고, 오직 사품 이상에만 나타난다. 이하는 한 번도 얻기 어렵다." 하여, 매우 귀한 색이라 하였다. 또한, 영화와 복록이 있는 색으로 자색이 뜨는 부위에 따른 증험을 다음과 같이 말하고 있다.

> 천중에 내천(川) 자는 장군의 식록이 있고, 눈꼬리 부근 천정부위에 동전 같이 있으면 귀한 영화를 누리고...(중략)...간문 어미에 나타나면 처가 임

신하고, 법령에 동전같이 있으면 영전하고, 지각에 홀연히 나타나면 재산
이 날로 증식한다.

얼굴의 상부인 천정에서부터 하부인 지각에 이르기까지, 자색은 그 뜨는 부위
에 따라 관록, 식록, 재록 등의 귀한 운세가 발현될 수 있음을 말하고 있다. 즉,
자색은 귀한 기색이고, 좋은 징조를 나타낸다,
이러한 자색에 대해 <유장상법> 역시 "얼굴 어느 궁에 나타나든 그 일에 크게
이롭다." 하면서도, "다만 입 주위에 나타나면 좋지 않다. 크게 놀라고 시비가 발
생한다." 하였다. 또한, 자색이 드러나는 정도와 붉은색이 함께 뜨는 것에 대해
다음과 같이 경계하고 있다.

홍색이 거듭되면 자색 반점이 되고, 세력이 커져 홍색이 밝아지고, 홍색이
되어 보이기 쉬워 깊이 감추어지고자 하니 밝게 드러나면 좋지 않다. 만약
십분 드러나지 않으면 역시 좋지 않다. 이는 지나치거나 미치지 못하면 모
두 영험이 없다. 산란하게 흩어지면 자색이 아니다.

이는 자색과 함께 홍색이 너무 붉게 나타나면 좋지 않고, 은은하지 않고 너무 선
명하게 나타나면 이 또한 귀하지 않다는 말이다. 또한, 다른 색과 마찬가지로 흩
어지는 모습은 온전하지 못한 자색이다. 이를 통해 자색 역시 색이 너무 과하거
나 부족하거나, 다른 색이 섞이거나 기운이 사라지는 것 등은 영험이 없다는 것
을 알 수 있다.

5)홍색
홍색은 붉고 윤기가 있는 색이다. 주로 인당과 준두, 관골 주위에 나타난다. 그
모습은 마치 작은 불꽃이 피부 안에서 피어나는 듯하다. 밝고 윤택한 것이 좋

으며 좁쌀이나 실처럼 생긴 모습이 길한 모습이다. 오행의 생극 원리에 의해 가을, 겨울에는 이로움이 없고, 봄, 여름에는 기쁜 일이 생긴다고 한다.

<마의상법>에서는 홍색에 대해 "홍황색은 기쁜 기색이다." 하여 길색이라 하였다. 또한 "홍황색이 얼굴에 가득하면, 재물이 일어나 집안이 저절로 평안하고 건강하다." 하였다. <유장상법>에서는 홍색이 주로 뜨는 부위와 좋은 홍색의 기준, 맞는 계절 등에 대해 다음과 같이 종합적으로 설명하고 있다.

> 홍색은 심경의 정색으로 주로 재물과 기쁨이 있다. 홍색이 많이 발생하면, 인당, 준두, 관골 세 곳에 있고, 그 외는 홍색이 적다. 홍색은 밝고 윤택해야 좋다. 밥알, 쌀알, 실처럼 나타나면 좋다. 콩과 같고, 쌀과 같으며 3,4,5,6,7개를 이루자 하면 좋다. 하나로 크게 뭉치지 않아야 한다. 내외로 모두 응하면 재물이 발생하는 색으로 봄, 여름에 최고로 좋고, 가을 겨울에는 좋지 않다.

이와 함께 홍색이 온전하게 길한 작용을 할 때의 색깔과 모습에 대해, "흩어지거나 반짝거리지 말아야 하고, 은은하게 감추어져 있되, 그 빛나는 모양이 꿋꿋하게 오래 가야 한다. 점점이 분명하고, 명주실처럼 환한 윤기가 있으면, 비로소 아름다운 색이 된다."고 하였다. 이는 기색의 일반론에서 전하는 내용과 유사하다.

## 6) 적색

적색과 자색은 홍색이 변한 색이다. 따라서 적색은 홍색, 자색과 함께 붉은색 계열의 기색으로 그 구분이 쉽지 않은 색이다. 주로 피부 밖에서 일어나는 붉은 색으로, 준두에 많이 나타난다. 구설이나 관재, 재난 등이 있다 하여, 흉색으로 분류하기도 한다. 홍색, 자색과 유사한 이러한 적색에 대하여 <유장상법> 에서는 다음과 같은 기준을 두어 설명하고 있다.

적색은 모두 피부 밖에 있고, 홍색과 자색은 반드시 피부 안에 있다.
홍색과 자색 두 색이 무겁거나 흩어져서 피부 밖으로 나타나, 반점을 이루
지 못하고 편편이 어두운 모양이면 적색으로 보아야 한다.

적색은 홍색이나 자색과 달리 피부 밖에서 뜨는 색으로, 홍색과 자색이 무거운 듯하고 흩어지는 모습으로, 두 색에 비해 어두우면 적색으로 보아도 된다는 것이다.

적색의 흉함과 관련하여 <마의상법>에서는 "만약에 붉은 점이나 붉은 실처럼 나타나면 반드시 관재나 화재가 있고, 악질이나 피를 보는 질병이 생긴다."고 하여, 적색을 주로 관재나 송사에 따른 구설 등이 우려되는 색으로 보았다. 또 피부 밖으로 드러나는 모습이 실처럼 길게 나타나면 더욱 나쁜 기색이라고 하였다. <유장상법>에서도 마찬가지로 적색은 주로 구설과 재앙, 질병과 관계가 있다고 하면서, 다음과 같이 그 적용에 구분이 있음을 전하고 있다.

여름에는 사람에게 적색이 많이 나타나니, 연상과 수상은 꺼린다 ...(중략)
...준두를 벗어나서 있으면 모두 꺼리지 않는다.

화(火)형과 토(土)형인은 반은 면하고, 금(金)형과 목(木)형인은 크게 꺼리고, 수(水)형인은 홍색을 꺼리지 않으나, 적색이 적색을 꺼리면 재앙이 된다.

적색이 많이 나타나는 부위는 주로 준두를 비롯한 코의 주변이라 하고, 여름에 그 부위에 뜨는 경우 흉함이 있다 하였다.
또한 오행의 생극 원리를 잘 적용하고 응용하여 적색의 기색을 잘 살펴야 한다고 강조하며, 적색이 중하면 재앙이 된다고 설명하고 있다.

## 7)백색

백색은 서방의 색으로 오행으로는 금(金)의 색이다. 안으로는 오장의 폐에 응한다. 이 색 또한 흉색으로 전하고 있으며, 한 번 발하면 큰 질병이나 사망에 이른다고 한다. 겨울에만 좋은 색이라 하고 따뜻함이 피어나고 윤택하면 바른 색이다. 반대로 메마르고 티끌이 낀듯하면 더욱 좋지 못하다. <유장상법>에서는 이러한 백색에 대해 다음과 같이 그 징험을 전하고 있다.

> 백색이 각 부위에 나타나면 모두 마땅하지 않다. 유독 기쁜 것은 턱이고, 겨울에 나타나면 좋다. 그 외 나머지 달은 마땅하지 않다. 백색이 어느 부위에 나타나든, 점과 실 같으면 상복을 입는다. 흩어지면 해롭지 않고, 점이 큰 콩과 같고, 실이 누에 같이 흩어지면 꺼리지 않는다.

흉색인 백색이 겨울 계절과 턱에 나타나는 것이 좋다는 의미는, 오행 원리상 백색은 금(金)이고 겨울은 수(水)이기 때문이다. 이는 금생수(金生水)의 이치에 따른 것이다. 또한 백색이 점과 실같이 드러나면 흉색이나, 흩어지거나 큰 콩과 같으면 꺼리지 않는다고 하였다. 이는 색이 사라지는 모습이거나 반점과 같으면 그 흉액이 오히려 반감된다는 의미로 기색을 자세히 살펴야 함을 전하고 있다. <마의상법> 또한 백색이 "마른 뼈 같으면 주로 죽는다. 검기가 젖은 잿빛이면 반드시 수명이 짧다."고 하거나, "백기는 주로 사망과 관련되었고, 부모궁에 나타나면 반드시 형액이나 상해를 입는다."고 하여, 백색의 기색이 죽음, 상해와 밀접한 관련이 있다는 점을 말하고 있다.

## 8)체색

기색이 피부 안에서 온전하게 드러나지 못해 윤택하지 못하고, 연기나 먼지가 낀 듯 탁한 기운을 '체한 기색(滯色)'이라고 한다. 체기는 좋지 않은 색이다. 이러한 체기가 발생하면 좋은 운의 흐름이 막히고, 얼굴 전체에 체기가 만연하면 평생 빈한하고 근심이 많다.

<마의상법>에서는 체색에 대해서 "기가 체하면 짙은 안개와 얇은 구름이 가린 것과 같다. 취한 듯 안 취한 듯, 조는 듯 안 조는 듯하면, 반드시 발달하는 상이 아니다." 라고 하여, 체기는 본래의 기색을 가리거나 엷게 만들어 상의 기운을 나쁘게 만드는 흉색이라 하였다.

또한 <유장상법>에서는 색이 체하는 원인과 체기로 인한 불운 기간 등을 다음과 같이 정리하고 있다.

> 색 안에서 체하는 것은 하원(下元)의 탁한 기다. 피부가 온화하지 않고, 오장이 조화롭지 못하다. 고로 색이 체하는 것이다...(중략)... 한곳이 체하면 9년 후에 개운하고, 얼굴에 가득 체하면 일생이 빈천하다.

이는 기색이 체한다는 것은 오장의 조화가 불안한 것이고, 어두운 체기는 더욱 좋지 않다는 말이다. 이처럼 체기는 몸속의 탁기가 얼굴 표면으로 올라오는 것이다. 이를 통해 체기가 나타나면 길한 기운도 흉함을 지니게 되고, 얼굴 부위 어디에 나타나더라도 흉색이라는 것을 알 수 있다. 또한, 체기가 발생하면 최소한 9년 동안 운이 막힌다고 하여 상당한 기간 운의 흐름이 안 좋아짐을 나타낸다. 따라서 체기가 나타나면 몸을 건강하게 하고, 마음을 다스려 그 기운을 해소하는 것이 중요하다.

## 9) 암색

암색(暗色)은 기색이 탁하고 어두운색이다. 이 색은 예로부터 색이 분명하지 않고, 윤택함도 없어 구분하기가 어렵다 하였다. 이러한 암색의 어두운 기운이 뜨는 것에 대해 <마의상법>에서는, "그해에 이르러, 이마가 어두우면 항상 마음대로 되지 않고, 변정에 어두운 기와 귀 주변이 어두우면 반드시 머뭇거리고 막힌다." 하여 유년과 부위에 따라 어두운 암색이 나타나면 그에 해당하는 운로가 지장을 받는다고 하였다.

<유장상법>에서는 암색에 대해 다음과 같이 정의하고, 이 색이 뜨면 운로가 막힌다 하였다.

> 밝은 가운데 어두운 것이 발생하면 암색이다...(중략)...대패한다.
> 암색은 탁색으로 위로 오르면 오장을 구별하지 못하고, 갑작스럽게 생겨 얼굴에 가득하면 겉과 속이 밝지 않고, 궁의 자리도 구별하지 못하여 암색이라 한다...(중략)...적색이 많으면 암색, 청황색이 많으면 또한 암색으로, 삼 년을 지나서 비로소 열린다.

이처럼 기색이 밝은 듯한데, 안에 어둡고 탁한 기운이 뜨는 것을 암색이라 한다. 그 드러나는 모습 부위의 경계 구분이 쉽지 않다고 하고, 궁의 자리도 구별하지 못한다고 하여 암색이 비교적 넓게 나타나고 있음을 말하고 있다. 또한, 적색이나 청황색도 암색의 범위에 포함하고 있다. 이러한 암색이 얼굴에 나타나면 일정 기간 운로가 막히고, 하고자 하는 일이 잘 안 된다.

## 10)활염색

활염색(滑艷色)이란 얼굴에 기색이 뜨고 본래의 색과 윤기가 있으나 그 정도가 심하거나, 기름을 바른 듯 반들거리거나, 지나치게 튀는 것을 말한다. 또한, 색이 짙어 마치 단청을 칠한 듯하다. 기는 피부 안에서 발하고 피부 밖으로 색이 응하여 기색이 드러나야 하는데, 기의 발동이 없어 피부 밖에서만 색이 과도하게 드러나기 때문이다. 따라서 속이 빈 허(虛)색으로 기색분별을 혼란스럽게 하는 색이니 잘 관찰하여야 한다. 기가 응하지 않는 활염색은 아름다운 색이 아니다. 이 색이 나타날 경우, 하천한 사람이거나 재앙을 받거나 머지않아 좋지 않은 일이 일어날 징조라 한다.

<마의상법>에서는 "돼지기름을 바른 듯하고, 돌을 갈아서 빛나듯 하며, 자석을 극하여 끝이 없다." 하고 얼굴의 광택이 은은하지 않고 반들거리듯 빛이 나면 자식을 극한다 하여, 흉색으로 설명하고 있다. 또한, <유장상법>에서는 기색의 일반적인 색상과 활염색에 대해 다음과 같이 구분하고 있다.

> 색이 반들거리는 것과 고운 것은 다르다. 기색에 대한 일설이 있는데, 달리 보이는 하나는 유리 위에 기름을 바른 것과 같거나, 단청을 그린것과 같다. 비록 홍색으로 윤택하고 주사를 바른 것 같으나, 안으로 기가 응하지 않는다. 밖으로 기색이 나오지 않아 한번은 반들거리고 한번은 곱고 하면, 노비가 아닐 수 없거나 곧 기녀다.

활염색의 반들거림은 일반적인 고운 색의 기운이 아니라, 마치 기름을 칠하거나 단청을 한 것처럼 반짝거리고 지나치게 선명하다. 이는 안에서 기색이 응하지 않는 것이다. 속은 비었는데 겉만 화려한 모습이다. 이러한 색을 띠면 하천한 사람이라는 말이다. 활염색으로 분류되는 기색은 본래의 색을 위장한듯하여, 자칫 길한 색으로 판단하는 오류를 범할 수 있으니 주의하여야 한다.


11) 광부색

기색이 피부 안에서 고운 색으로 은은하게 드러나지 않고, 들뜨거나 분을 바른 것 같은 색은 광부색(光浮色)이다. 겉보기에는 기색이 온전하게 드러난 듯하나, 실제로는 허한 것이다. 이러한 색이 얼굴에 가득하면 명(命)을 재촉하고 재물을 파하며 후사를 말하기 어렵다. <유장상법>에서는 광부색에 대해 다음과 같이 구분하고 이를 흉색이라 하였다.

색이 빛나는 것과 들뜨는 것은 다르다. 고운 것은 또 일설이 있는데, 백색이 가루 같고, 얼굴 가득 반짝거리면 들뜨는 빛이 된다. 색이 이와 같으면 패가의 자손이다.

색이 나른하고(맑고 밝은 기가 피부 안에서 받쳐주지 못하는 상태), 빛이 들뜨면 자고로 형벌로 파하고 천만 가지가 실패한다. 소년은 27세에 황천에 이르고, 노인은 고생과 고난에 얽힌다.

색이 피부 위로 온전하게 드러나지 않고 들뜨며 반짝거리면, 일찍이 패가 망신한다. 노년에 이르러서는 고생을 하게 된다고 말하고 있다. <마의상법> 역시 이러한 색에 대해서는, "분색으로 얼굴이 변하면 반드시 초상이 발생하고, 둥글고 조각으로 나타나면 관직이 해롭다."라고 하여, 흉색으로 분류하면서도 그 가운데 길한 모습이 있음을 말하였다. 이를 통해 기색이 얼굴에 드러날 때는 그 색이 과하거나 모자라지 말아야 하고, 들뜨거나 반짝거리지 말아야 함을 알 수 있다. 또한 <마의상법>에서는 색의 여림에 대해 다음과 같이 경계하고 있다.

색에서는 여린 것을 두려워하고, 아리따운 것을 두려워한다. 기색이 아리 땁고 신이 여리면 넉넉한 상이 아니고, 노년에 색이 여리면 고생을 부르며, 소년이 색이 여리면 단단하지 않고 쉽게 부서진다.

피부에 드러나는 색의 종류 못지않게 그 색의 선명함과 여린 정도가 중요함을 전하고 있다. 길운처럼 보이는 기색이 여리거나 미혹하는 색감이라면 이 역시 흉색임을 알아야 한다.

# 신체 부위로 본 길흉 및 남녀 귀천상

-

1. 신체부위로 본 길

2. 남녀 귀천 상

# 6장 ◇ 신체 부위로 본 길흉 및 남녀 귀천상

## 1. 신체부위로 본 길

### 1)목

목은 전달하는 통로이니 긴지 짧은지, 가는지 둥근 지를 관찰한다. 목은 위로는 육양(六陽)을 떠받치고 있으며, 아래로는 몸통과 사지로 통하고 있으니 자세히 살펴야 한다. 고대 관상책에는 오직 목구멍을 보았으며 목을 보는 내용은 없었다. 목은 몸의 주인인데 어찌 그 상을 보는 법이 없겠는가? 무릇 여인의 상은 목이 둥글고 길면 좋다. 남자는 다른데, 마른 사람은 목이 길어야 하고, 살찐 사람은 목이 짧아야 한다. 만약에 마른 사람이 목이 짧으면 만 30세 전후를 벗어나기 어렵게 되고, 살찐 사람이 목이 길면 40세 이르러서 생명을 보장받을 수가 없다. 무릇 목은 **첫째**로 목젖이 지나치게 튀어나온 것을 꺼리고, **둘째**로 희미하고 푸른 힘줄이 드러나 보이는 것을 꺼리며, **셋째**로 화가 날 때 뼈가 살 밖으로 드러나 보이는 것을 꺼리며, **넷째**로 골격이 드러나는 것을 꺼리는데, 이들 네 가지는 모두 빈궁한 상이다.

마른 사람이 목젖이 크면 평생 발전하지 못하고, 살찐 사람이 목젖이 크면 방랑하다가 타향에서 객사한다. 유장 선생이 다음과 같이 이르고 있다. "목의 피부가 팽팽하고 살집이 느슨하고 들떠 있으며, 울대뼈가 큰 사람은 평생을 고생스럽게 지내며 타향으로 달아난다. 목이 여위고 혈색이 없으며, 근골이 밖으로 드러난 사람은 40세가 되기 전에 반드시 사망하게 된다." 또한 "목이 둥글고 피부가 두텁고 층층이 주름이 있으면, 반드시 총명하고 준수한 사람이다. 양쪽 등과 어깨가 목과 서로 잘 어울리는 사람은 빈한한 가정에서 태어나 교육을 받아도 반드시 높은 벼슬의 공경(公卿, 삼공과 구경)이 된다."

- 살진 사람은 목이 짧아야 좋고, 야윈 사람은 목이 길어야 좋다.

- 모지고 윤택한 사람은 대귀할 상이요, 둥글고 실한 사람은 큰 부자가 될 상이다.

- 목이 몸보다 너무 길거나 짧고 크거나 작으면 좋지 않다.

- 목에 맺힌 뼈가 있는 사람은 가난하지 않으면 재앙이 많다.

- 목에 맺힌 뼈가 있고 이가 드러난 사람은 객사한다.

- 뒷목이 이중으로 된 사람은 부귀하고, 가늘고 약한 사람은 가난하다.

- 목이 학처럼 길고 흰 사람은 청빈하고, 목이 굽은 사람은 막힘이 없다.

- 목에 후두가 튀어나오면 좋지 않다.

- 남성은 목이 짧아야 좋고, 여자는 목이 길어야 좋다.

- 목이 길면 귀하나 재산이 부족하다.

- 얼굴이 맑고 목이 짧은 사람은 부귀하고, 얼굴이 탁하고 목이 긴 사람은 가난하다.

- 목이 굽은 사람은 성질이 약하고 가난하다.

- 목이 약간 앞으로 향한 사람은 귀하고, 목이 약간 뒤로 향한 사람은 좋지 않다.

## 2)가슴

가슴은 후손의 뿌리요 싹이니, 검고 커야 하며, 모지고 둥글고, 견고하고 단단해야 한다. 금,목,수,토 4개 형은 살이 많고 피부가 두터워야 한다. 피부가 엷으면 가슴도 반드시 엷으며, 피부가 알차면 가슴도 반드시 알차야 한다. 젖꼭지가 위로 향한 사람은 자식을 기르면 성공하고, 젖꼭지가 아래로 향한 사람은 자식을 길러도 힘들게 지낸다. 젖꼭지가 둥글고 단단하면 자식이 부유하며, 젖꼭지가 모나고 단단하면 자식이 귀하고, 젖꼭지가 작으면 자식을 두지 못해 후대가 끊긴다. 유방의 색깔이 희고 솟아있지 않은 사람은 후대를 이을 자식을 말하기가 어렵다. 부인의 가슴도 역시 마땅히 검고 크다면 좋은 것이다. 가슴이 작은 사람은 자식을 적게 두며, 가슴이 큰 사람은 자식을 많이 둔다. 가슴이 희고 작으며 낮게 기운 사람은 자식을 두기가 어려워 후대가 끊긴다. 만약에 가슴이 검고, 단단하고, 잔털이 나고, 아름다우면 자식이 귀하게 되고 후손이 부귀영화를 누린다.

- 가슴이 넓은 사람은 기운이 강건하고,
  가슴이 얇고 좁은 사람은 기운이 약하다.
- 가슴 빛깔이 윤택한 사람은 지혜와 복이 있고,
  어두운 사람은 어리석고 박복하다.
- 가슴을 쑥 내밀거나 비틀어진 사람은 가난하고,
  평평하고 반듯한 사람은 부귀할 상이다.
- 가슴이 좁고 길면 이루어지는 일이 없고,
  가슴에 털이 난 사람은 반드시 성공한다.
- 가슴을 내민 듯 툭 튀어나온 사람은 빈천할 상이다.
  움푹 들어가도 좋지 못하다.
- 가슴은 넓고 살이 풍후하면 귀상이고, 엷고 살이 부족하면 천상이다.

## 3)등

등이 단정하고 두터운 사람은 대귀하고 등이 얇고 함(陷)한 사람은 가난하다.

- 등이 길면 귀하고, 잘록하면 좋지 않다.
- 등이 마치 뒤집힌 거북이 같으면 대귀하고, 두텁고 허리가 둥글면 부귀한다.
- 가슴은 나와 있고 등은 사(四)자 형태이면 가난하거나 요사할 상이다.
- 등이 깊어서 내 천(川) 자 같은 사람은 빈천하고, 두두룩해서 사방이 같은 사람은 부귀한다.
- 등이 굽고 허리가 곧으면 자녀가 발달하지 못한다.
- 등이 두텁고 가슴이 넓으면 부귀할 상이다.
- 등은 좋은데 가슴이 좁거나 얇은 사람은 노년에 고독하고 가난하다.
- 등줄기에 고랑이 있는 사람은 이름만 있을 뿐 실상은 없다.
- 등이 둥근 여성은 좋은 남편을 만난다.

## 4)배, 배꼽

<태소>에는 "배꼽은 모든 맥이 통하는 관문이다." 라고 이르고 있다. 무릇 배꼽은 깊어야 하고, 배는 두터워야 하며, 피부는 알차야 하고, 뼈는 단정해야 한다. 배꼽 자리가 배의 윗부분에 있는 사람은 주로 지혜가 있으며, 배의 아랫부분에 있는 사람은 우매하고, 배꼽이 깊은 사람은 주로 복록이 있고, 얕은 사람은 주로 빈궁하다. 배꼽 구멍이 넓고 커서 자두 씨가 들어갈 정도이면 그 이름이 천 리까지 퍼져나간다. 배꼽 속에 검은 점이 있고 배가 아래로 늘어진 사람은 조정의 관리가 된다. 배꼽이 작고 평평하면 고생스럽고 비천하다. 유장 선생은 다음과 같이 이르고 있다. "배가 아래로 늘어지고, 배꼽은 배의 윗부분에 있으면 입는 것과 녹봉이 풍족하여 태어날 때부터 부귀하다. 배가 위로 향하고 배꼽이 아래로 향한 사람은 노년에 고독하고 빈곤하다. 무릇 배는 위는 작고 아래는 커야 하며, 위가 크고 아래가 작은 것을 제일 꺼린다. 또한 "배는 오장의 표면이니, 넓고 커야 하며 좁고 작은 깃을 꺼린다. 배가 상반신 가까이 있는 사람은 지혜가 있으며, 하반신 가까이 있는 사람은 우매하다. 이러한 이치를 일반 사람들은 모른다."

무릇 여인의 배꼽은 자식의 뿌리이며, 여인의 가슴은 자식의 싹이다. 배 속에 남아의 태아가 있으면 배꼽은 반드시 홍색과 흑색을 띠게 되며, 배 속에 여아의 태아가 있으면, 3~4개월이 지나 임부의 배꼽이 볼록 나오게 된다. 만약에 회임한 지 8~9개월이 지나서 배꼽이 볼록 나오게 되면 남아를 낳게 된다. 모든 여인은 마르건 살이 찌건 관계없이 배꼽 깊이가 1푼(약3mm) 정도면 아들을 하나 얻게 되며, 반 촌(1촌寸 3.3cm)정도로 깊으면 아들 다섯을 얻게 된다. 여인의 배꼽은 커야 좋다. 작으면 자식을 갖기가 어렵고, 설사 자식을 낳는다고 하더라도 그 자식이 살아남지 못한다.

여인의 배꼽이 적색을 띠게 되면 낳은 자식이 관직을 얻어 옥으로 된 허리띠를 차는 조정 1품 자리에 오르게 된다. 만약 검은색을 띠게 되면 낳은 자식이 금색

허리띠를 차는 관리가 된다. 배꼽 속에서 잔털이 자라게 되면 낳은 자식이 반드시 빼어나다. 그리고 뱃가죽이 넓고 크면 반드시 다섯 명의 아들을 두게 된다. 배꼽이 작고 허리가 삐뚤어져 있으며, 배가 작고 뱃가죽이 엷으며, 두피가 팽팽한 여인은 비록 얼굴의 상이 가히 취할 수 있는 곳이 있다 하더라도 아들을 낳을 수 없다.

- 배가 배꼽 상하로 약간 솟은 사람은 지혜가 있고, 배꼽 아래로 축 처진 사람은 어리석다.
- 뱃가죽이 두터운 사람은 건강하고 부유하며, 뱃가죽이 얇은 사람은 약하고 가난하다.
- 배가 희고 붉고 윤택한 사람은 부귀하고, 배가 검고 누렇고 거친 사람은 빈천하다.
- 배는 두텁고 배꼽은 깊어야 좋고, 배가 얇고 배꼽이 낮으면 좋지 않다.
- 배에 삼(三)자 무늬가 있으면 대귀할 상이고, 북방 임(壬)자 무늬가 있으면 극귀할 상이다.
- 40세 이후에 배가 나오면 부하고 장수할 상이요, 40세 이전에 배가 나오면 단명, 요사한다.
- 배는 두터워야 좋고, 얇으면 좋지 않다.
- 배꼽이 넓고 깊은 사람은 지혜와 복이 있고, 배꼽이 좁고 얕은 사람은 어리석고 복이 없다.
- 배꼽이 너무 얕은 사람은 품성이 좁고, 배꼽이 들어간 사람은 품성이 크다.
- 배꼽이 작고 나와 있는 것처럼 보이는 사람은 빈궁하거나 요사할 상이다.
- 배꼽에 검은 점이 있는 사람은 사방에 이름을 날릴 상이다.
- 배꼽에 살구 한 개가 들어갈 만한 사람은 큰 부자가 될 상이요, 콩 한 개가 겨우 들어갈 만큼 작은 사람은 큰 부자가 되기 어렵다.
- 배꼽이 깊고 넓으며 위로 향한 사람은 귀하고, 좁고 작고 뾰족하고 아래로 향해 있는 사람은 천할 상이다.

- 배꼽이 팽팽한 사람은 건강하고, 배꼽이 흐리멍덩한 사람은 사물에 끈기가 없고 운도 약하다.
- 배꼽의 깊이가 깊은 사람은 마음이 확고하고 노력에 의한 성공도 따른다. 그러나 배꼽이 깊다 할지라도 배꼽 둘레에 힘이 없는 사람은 사업을 끈기 있게 해나가지 못하고 일도 순조롭게 풀리지 않는다.
- 배꼽 모양이 크면 신체도 튼튼하고 마음도 커서 안정을 이룬다. 그러나 반대로 배꼽이 작은 사람은 사물에 대한 끈기가 부족하고 일도 순조롭지 못하다.
- 배꼽의 깊이가 얕다 해도 어느 시기에 가서는 깊어지는 일이 있는데, 이렇게 되면 그때부터 운기가 좋아진다. 오랫동안 병석에 누워 있던 사람이라면 점점 회복된다.
- 배꼽의 깊이가 얕은 때에는 운기가 좋아지는 일이 없으며 마음도 안정되지 못한다.
- 배꼽이 아래로 향해 있는 사람은 어떤 일을 해도 오랫동안 지속하지 못하며, 돈도 모이지 않는다.
- 배꼽이 위를 향해 있는 사람은 머리 회전이 빠르다.
- 배꼽이 넓고 깊은 사람은 지혜와 복록이 많고, 배꼽이 좁고 얕은 사람은 어리석고 복록이 없다.
- 남성의 경우 배꼽이 얕으면 의연(衣緣)이 있을 수 없고, 여성의 경우 자식을 생산하기 어려울 뿐만 아니라 키우기도 어렵다.
- 배꼽에 흑(黑)자가 있거나 털이 3~4개 정도 난 사람은 반드시 부귀하고, 자녀도 명성을 떨친다.

## 5)엉덩이

엉덩이는 나중에 형성되니, 흥할지 망할 지를 볼 수 있다. 소년이 엉덩이가 지나치게 작으면 모든 일이 성공하기 어렵고, 논과 밭을 지키기 어려우며, 조상의 사업을 깨뜨리고 고향을 떠나게 된다. 늙어서 엉덩이가 지나치게 작으면 반드시 형편이 딱하고 어려우며 힘들게 지내고, 아내와 자식이 죽게 되며, 세상살이를 바쁘고 고달프게 살아간다. 마른 사람이 엉덩이가 지나치게 작으면 많이 배워도 성공하는 일이 적으며, 평생 좋은 운이 없고, 36세에 세상을 떠난다. 살찐 사람이 엉덩이가 지나치게 작으면 자신이 솥과 밥그릇을 씻으며, 처와 자식이 없이 고독하고 고생스럽게 살며 매우 빈천하다. 그 때문에 엉덩이는 열려 있고 넓으며 커야 하는데, 뾰족하고 좁으며 끌어당겨서 굽어진 활 모양으로 볼록 튀어나와서는 안 된다. <마의상법>에서는 다음과 같이 이르고 있다. "가슴이 움푹 들어가고 엉덩이가 끌어 당겨서 굽어진 활 모양으로 볼록 튀어나오면 부자 관계가 화목하지 않다. 만약 여인이 이와 같다면 반드시 흉악한 사람이다." 부인의 상법을 덧붙여 말한 비결에서는 다음과 같이 이르고 있다. "허리는 작고 엉덩이는 뾰족하며 배꼽이 깊지 않으면, 오직 노비가 되어 고독함과 빈궁함을 지킨다. 만약에 젖꼭지까지 희다면 말할 필요도 없이 평생을 고독하게 지낸다. 또한 "엉덩이가 지나치게 뾰족한 여인이 귀한 부인이 되는 경우는 없다."

- 젊은이가 엉덩이에 살이 없으면 큰일을 이루기 어렵고, 늙은이가 엉덩이에 살이 없으면 처자가 먼저 죽을상이다.
- 쇠약한 이가 엉덩이가 없으면 배운 것은 많으나 성공하지 못할 상이요, 살진 이가 넓고 살이 많으며 배가 크고 배꼽이 깊으면 큰 부자가 되거나 매우 귀할 상이다.

- 여자가 엉덩이가 크면 도리어 천할 상이다.
- 몸은 큰데 엉덩이가 없는 사람은 늙어서 좋지 않고, 몸은 작아도 엉덩이가 풍후한 사람은 장래에 부를 이룬다.

## 6)팔, 다리

천지자연(天地自然)에 춘하추동(春夏秋冬)과 사시(四時)가 있듯 사람에게도 사지(四肢)가 있어 사시를 형상화하고 있다. 팔과 손은 인군(仁君)이 되고 다리와 발은 신하가 되므로 팔과 손은 다리와 발보다 길어야 하고 다리는 팔보다 짧아야 한다. 일반적으로 몸 삼정(三停)이라 하여, 목에서 배꼽까지를 상정(上停)이라 하고 배꼽에서 무릎까지를 중정(中停)이라 하며 무릎에서 발까지를 하정(下停)이라 한다.

- 팔과 다리가 모두 길면 의식이 족하고, 다리가 팔보다 길면 분주하게 돌아다닐 상이다.
- 상정이 하정보다 길면 귀할 상이요, 하정이 상정보다 길면 천할 상이다.
- 삼정이 평등한 사람은 의식이 풍족하다.
- 등은 곰처럼 두터워야 하고, 팔은 원숭이처럼 몽실몽실해야 하며, 허리는 이리처럼 둥글어야 부귀를 겸전한다.

7)발바닥

**발은 몸을 싣고 다니니, 두텁고 모가 나야 한다.**

- 머리는 하늘과 같이 둥글며, 발은 땅과 같이 모가 나 있다. 하늘은 높아야 하고, 땅은 두터워야 한다. 무릇 발등은 살이 있어야 평안하게 안정되며 복록을 누리게 된다.
- 발바닥에 살이 붙어있는 사람은 금과 옥을 거두어 재부를 축적하며, 발등에 푸른 힘줄이 드러난 사람은 일전 한 푼도 얻지 못한다.
- 발의 가운뎃발가락은 길어야 하고, 엄지발가락은 짧아야 한다. 발등의 털이 부드러우면 총명하다.
- 발가락 위에 털이 나면, 평생 발 질환에 걸리지 않는다. 어른이 발꿈치가 없으면 빈천하고 속세를 떠나가며, 어린아이가 발꿈치가 없으면 1세를 넘기지 못한다.

## 2. 남녀 귀천 상

1)남자 상급 18가지 귀한 상

다음은 18개 항목으로 된 상급의 귀한 상으로서, 이러한 상을 가진 남자는 관직을 얻고 제후에 봉해진다.

*1*_머리가 둥글기가 한 자 정도로 크고 얼굴이 보름달과 같이 둥글며, 등이 두텁고 허리가 둥근 상을 가진 사람은 큰 영토를 가진 영주에 책봉된다.

*2*_길을 걸을 때와 앉아 있는 자세가 위엄이 있고 강하며. 얼굴색은 흑색을 띠고 치아는 눈과 같이 희며, 머리는 호랑이 머리와 같고 등이 넓은 상을 가진 사람은 제후에 책봉될 상이다.

*3*_목소리가 천둥이 치는 것처럼 우렁차며, 근육이 견실하고 골격이 장대하며, 눈은 둥글고 호랑이 수염을 한 사람은 벼슬을 가질 귀할 상이다.

*4*_얼굴이 은과 같이 희고 맑으며, 눈동자가 금과 같은 황색 광채가 나는 사람은 영주에 봉해지는 품격이다.

*5*_눈썹은 수려하고 길고 눈은 봉황의 눈이며, 용의 코와 같고 아래턱이 넓고 큰 사람은 나가서는 장군이 되고, 들어와서는 승상이 되는 상이다.

*6*_입속에 치아가 36개 있는데, 주먹이 들어갈 정도로 입이 큰 사람은 재상(宰相)의 직책을 맡을 상이다.

*7*_머리에서 턱까지 5촌(1촌 3.3cm)이 될 정도로 길고 위를 향해 있는 사람의 아래턱을 용각(龍閣)이라고 하는데, 이러한 상을 가진 사람은 재상이 된다. 명나라 엄각로(嚴閣老)의 상이 바로 이에 부합된다.

*8*_허리가 둥글고 두터우며 7개의 검은 점이 나 있고, 각 점마다 모두 잔털이 난 사람은 옥으로 만든 띠를 차는 3품의 관리가 된다.

*9 _* 온몸의 살결이 옥과 같이 맑고 매끄러우며, 유리와 같이 빛이 나고, 불이 뿜어 나오듯 붉은 사람은 국공(國公)과 재상의 직을 맡는다.

*10 _* 걸을 때 보폭이 3척 (1척尺 3.3㎝)정도로 넓고, 몸이 크고 머리가 둥글며, 용의 걸음을 걷고 호랑이 머리를 가진 사람은 제왕이나 제후가 된다.

*11 _* 상체가 풍만하고 둥글며 두텁고, 팔다리가 솜과 같이 부드러운 사람은 가히 1품의 공작이나 후작이 된다.

*12 _* 용의 눈과 소의 치아를 가진 사람은 관직이 상서(尙書)에 이른다.

*13 _* 말의 얼굴과 봉황의 눈을 가진 사람은 관직이 1품에 이른다.

*14 _* 오악(이마, 코, 턱, 양 광대뼈)이 서로 마주 향해 있는 사람은 조정의 1품직이 된다.

*15 _* 오관(눈,코,입,귀,눈썹)이 모두 반듯하면 지위의 서열이 제왕과 제후에 이른다.

*16 _* 옥로(눈동자)를 온전히 갖춘 사람은 국사(國師)가 될 수 있다.

*17 _* 오행(五行)을 모두 갖춘 사람은 지극히 귀한 상이다.

*18 _* 밤에도 빛을 내는 눈을 가진 사람은 1품의 직책을 얻는다.

이상은 18개 항목으로 된 상급의 귀한 상이며, 그중에서 하나라도 깨지는 상이라면, 역시 귀함을 얻을 수가 없게 된다.

## 2) 남자 중급 18가지 귀한 상

다음은 18개 항목으로 된 중급의 귀한 상으로서, 이러한 상을 가진 남자는 맑고 높은 중요한 직책을 얻는다.

1 _ 정신이 맑고 기가 충분한 사람은 허리에 금 허리띠를 차는 4품과 5품의 관리가 된다.

2 _ 눈의 형세가 정신을 관통하면 한림원(翰林院- 중국 당나라 현종때 설치된 관청)에 들어갈 수 있다.

3 _ 머리가 둥글고 발이 두터우며, 몸은 바르고 골격이 반듯한 사람은 2품이나 3품 관직을 얻는다.

4 _ 목소리가 맑고 말씨가 소박하며, 혀는 자색을 띠고 입술은 주홍색을 띠는 사람은 100석의 녹봉을 먹는다.

5 _ 몸이 향기롭고 살결이 미끄러우며, 피부가 윤택하고 혈색이 밝은 사람은 맑고 고결한 관직을 얻는다.

6 _ 눈동자가 크고 정기가 있으며, 입이 크고 모서리가 있으며, 코가 크고 콧대가 반듯한 사람은 남면하는 직책[6]을 갖게 된다.

7 _ 등은 높고 두터우며, 배는 크고, 목소리는 우렁차며, 눈썹은 높은 사람은 금당(琴堂)의 직책, 즉 고을 원 또는 현이나 군의 관리 같은 지방관이 될 수 있다.

---

[6] 원래 제왕은 남면(南面)하고 신하는 북면(北面)한다고 한다. 따라서 남면하는 직책이란 제왕을 말하는 것인데, 이런 상을 가진 사람을 중급 정도의 귀한 상에 넣은 것은 맞지 않는다. 그러므로 여기에서 만큼은 제왕을 모시는 직책을 말하는 것으로 보아야 한다.

*8*_삼정(상정,중정,하정)이 균등하고 육부(양 이마, 양 광대뼈, 양턱)가 균형을 이루고 있는 사람은 금 허리띠를 두른 4품과 5품의 관리가 될 수 있다.

*9*_귀가 얼굴보다 흰 사람은 임금을 가까이서 모시는 신하가 될 수 있다.

*10*_정신이 형체보다 넉넉한 사람은 한림원에 갈 수 있다.

*11*_이마의 높이가 3촌이나 높고 두터운 사람은 권위를 가질 수 있다.

*12*_눈이 맑고 빼어나며 눈썹이 굽어진 활과 같은 사람은 관리가 되어 맑고 귀해진다.

*13*_인당(눈썹 사이)이 1촌 정도로 벌어져 넓고, 보골(이마)이 솟아있는 사람은 남을 이롭게 하고 도를 행한다.

*14*_눈썹은 곧게 서고 눈동자는 둥글며, 준두(코끝)는 반듯하고 입은 모가 난 사람은 간관(諫官)이나 충신(忠臣)이 된다.

*15*_인당은 열려 있고 입은 크며, 눈썹 모양은 가로로 되어 있는 사람은 조상이 앞길을 열어 준다.

*16*_이마에 '천(川)'자 주름이 있고, 이주(귓불)가 입을 향해 있는 사람은 빈손으로 가업을 일으켜 중년에 이를 때는 명성과 덕망이 크게 드러난다.

*17*_배꼽이 1촌 정도로 깊고, 허리둘레가 4위(1위=1개의 팔길이) 정도로 큰 사람은 변방에 인수(중국에서 쓰이던 관인의 끈)를 걸어 놓는 벼슬을 가지는 상이다.

*18*_팔이 3자가 되는 긴 사람은 변방의 장수가 된다.

이상 18개 항목으로 된 중급의 귀한 상은 깨지거나 손상을 입어서는 안 된다.그 중에서 하나라도 윤택하지 않으면 역시 좋지 않다.

### 3)남자 하급 18가지 귀한 상

다음은 하급에 속하는 18개 항목의 귀한 상이며, 이러한 상을 가진 남자는 관직을 유지하면서 일신의 영화를 누린다.

*1*_눈썹은 거칠고 이마는 높게 솟아있는 사람은 식량의 출납을 담당하는 직책을 얻는다.

*2*_귀가 두텁고 입술이 두터운 사람은 승차지인(承差知印,하급관리) 직을 맡는다.

*3*_머리가 둥근 사람은 기껏해야 9품 관리가 된다.

*4*_허리가 둥근 사람은 기껏해야 제패(提牌, 패를 들고 있는 옥졸 정도의 하급관리)가 되는 데 그친다.

*5*_눈썹이 윤택하고 인당(눈썹 사이)이 넓은 사람은 도사(都史 ,도읍의 관리직인 하급관리) 직을 얻을 수 있는 상이다.

*6*_입술이 홍색을 띠고 치아가 두터운 사람은 말단관리인 전정(前程)하는 관직을 얻는다.

*7*_몸이 탁하고 살집이 강철과 같이 견고한 사람은 급히 가서 무보(武輔)직을 구할 것이다.

*8*_뼈와 살이 균형 있게 어울리는 사람은 설사 정상적인 길로 나가 관리가 될 수는 없을지라도 옆길로 나가 공적과 명예를 얻을 수 있다.

*9*_눈이 크고 눈동자는 노랗고 눈썹이 흐트러진 사람은 기껏해야 말단관리인 전사(典史)직을 얻는다.

*10*_머리가 둥글고 입이 크고 콧대가 낮은 사람은 두목이나 두령이 된다.

*11*_머리가 둥글고 평평하며 큰데, 눈썹이 눈을 짓누르고 있는 사람은 승려의 기강과 도를 닦는 상이다.

*12* _ 손은 거칠고 크며, 발은 두텁고, 허리가 둥글고 튼튼한 사람은 군사 상황을 전파하는 일을 한다.

*13* _ 몸이 바르고 키가 크며 허리가 두터운 사람은 말단 관리인 순검(巡檢)관이 된다.

*14* _ 얼굴색이 어두운 가운데 밝은 기운이 생기면 하급관리인 창관(倉官)과 세과(稅課)가하는 사람이 된다.

*15* _ 피지(陂池)와 아압(鵝鴨)이 금루(金縷)와 연결되어 있는 사람은 하급관리인 하부(河溥,하류관리자)가 된다.

*16* _ 얼굴빛이 가랑비가 오는 것처럼 흐릿한 사람은 공문을 전달하는 역관이다.

*17* _ 삼양 부위가 매우 윤택한 사람은 아문에서 일하는 좌이(佐貳)관의 상이다.

*18* _ 양쪽 눈에 티끌이 생긴 사람은 옥졸(獄卒)이 된다.

이상의 항목들은 하급의 귀한 상이며, 이에 해당하는 사람은 모두 부유함으로 인해 귀함이 생기는 것이며, 비록 깨지고 손상을 입더라도 꺼리지 않는다.

## 4) 남자 고독상 51가지

남자에게는 51개 항목의 고독한 상이 있으며, 그중에서 하나라도 범하게 되면
자식을 말하기가 어렵다.

*1* _ 체질은 수형인(水形人)인데 머리카락이 지나치게 짙고 많다.

*2* _ 체질은 목형인(木形人)인데 머리카락이 지나치게 짙고 많다.

*3* _ 눈이 움푹 들어가 구덩이가 생겼다.

*4* _ 와잠(눈 밑)부위가 낮고 어둡다.

*5* _ 지옥의 판관(判官)과 같이 얼굴이 흉악하다.

*6* _ 얼굴이 나한(羅漢)과 같이 예스럽고 괴이하다.

*7* _ 코가 아라비아인의 코와 같이 매우 크다.

*8* _ 코의 모양이 사자의 코와 같다.

*9* _ 피둥피둥 살이 쪄서 살덩어리가 많이 있다.

*10* _ 관골(광대뼈)이 높아 얼굴에 오직 관골만 보이는 낯선 얼굴이다.

*11* _ 얼굴이 평평하고 코만 높아 유독 코만 보인다.

*12* _ 눈썹과 머리카락이 드문드문 성글게 나 있다.

*13* _ 화개(華蓋)살[7]이 있는 이마를 가진 사람이다.

*14* _ 화개살이 있는 눈썹을 가진 사람이다.

*15* _ 머리는 크고 얼굴은 뾰족하다.

---

[7] 화개살이란 예능에 재주가 있고 화려한 것을 좋아하지만 그 때문에 고독이 따르는 것을
말한다.

16 _ 머리는 뾰족하고 이마는 깎였다.

17 _ 눈동자는 황색을 띠고 머리카락은 적색을 띠고 있다.

18 _ 얼굴은 크고 코는 작다.

19 _ 젖꼭지가 희고 작다.

20 _ 젖꼭지가 일어서 있지 않고 쑥 들어가 있다.

21 _ 이마에 주름이 3줄 있다.

22 _ 코 위에 가로로 된 주름이 있다.

23 _ 입가에 주름이 많다.

24 _ 얼굴색이 밀가루와 같이 희다.

25 _ 음부에 털이 없다.

26 _ 음모가 반대로 나 있다.

27 _ 음낭에 주름이 없다.

28 _ 얼굴색이 매우 부자연스러울 정도로 빛이 나고 희다.

29 _ 살집이 진흙과 같이 거칠고 무겁다.

30 _ 살집이 느슨하고 들떠있으며 또 부드럽다.

31 _ 살결이 솜과 같이 매끈하다.

32 _ 살이 많이 찌고 골격이 약하다.

33 _ 피부에 혈색이 돌지 않는다.

34 _ 얼굴의 피부가 귤껍질과 같다.

35 _ 인중이 얕고 짧다.

36 _ 몸에 잔털이 없다.

37 _ 골격이 얼음처럼 차고 거칠며 말라 보인다.

38 _ 온몸의 살이 얼음처럼 차다.

39 _ 피부와 혈액이 모두 메마르고 윤기가 없다.

40 _ 내시의 목소리를 낸다.

*41* _ 내시의 얼굴 모습과 같다.

*42* _ 뱀의 피부와 뱀의 눈을 하고 있다.

*43* _ 입이 뇌공(천둥번개의 신)과 같이 뾰족하다.

*44* _ 말의 얼굴에 용의 눈동자를 하고 있다.

*45* _ 쥐의 눈에 꿩의 눈동자를 하고 있다.

*46* _ 수달과 원숭이의 뺨을 하고 있다.

*47* _ 매의 뺨과 같이 낮고 움푹 들어간 뺨을 가지고 있다.

*48* _ 뱀과 같이 굽어 있는 형상을 하고 있다.

*49* _ 골격이 둥글고 두텁다.

*50* _ (팔 부위의) 촌맥과 관맥, 척맥에 맥박이 잡히지 않는다.

*51* _ 신장의 맥이 뛰지 않고 매우 허약하다.

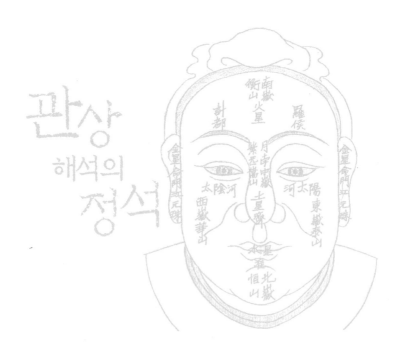

5)남자 10가지 상극 상

남자는 10가지 상극의 품격을 가지고 있다. 만약 한 가지라도 범하게 되면 하나의 자식도 마지막 길을 보낼 수 없으며, 늙어서 고단하며 가난하게 지내는 상이다.

*1 _* 수염의 끝부분이 제비의 꼬리처럼 갈라져 있다.

*2 _* 빈모(귀밑털)가 꼬이거나 굽어있지 않고 곧바르다.

*3 _* 수염이 소의 수염처럼 길다.

*4 _* 와잠(눈 밑)부위가 낮고 어둡다.

*5 _* 젖꼭지가 아래를 향해 있다.

*6 _* 피둥피둥 살이 쪄서 살덩어리가 아래로 늘어져 있다.

*7 _* 눈썹 속에서 긴 털이 생겨 위를 향해 굽어 있다.

*8 _* 수염은 많이 나 있는데 머리카락은 적다.

*9 _* 얼굴에 온통 주름투성이다.

*10 _* 눈 밑에 잔털이 나 있다.

## 6)부인에게 상해, 형벌을 입히는 12가지 상

아래와 같은 12가지 항목의 내용에 해당하는 남자는 아내를 형극을 준다.

*1_* 천창(양 이마) 부위에 난 주름을 개고문(開庫紋)이라고 부르는데, 개고문이 있는 사람은 5명의 아내를 죽게 한다.

*2_* 수염이 많이 나고 코가 작다.

*3_* 수염이 많고 뻣뻣하며 곧다.

*4_* 관골(광대뼈)이 높다.

*5_* 천창 부위가 움푹 들어가 있다.

*6_* 산근(콧등)이 끊어져 있다.

*7_* 어미(눈 옆)부위가 낮다.

*8_* 얼굴 모습이 나한과 판관처럼 괴이하다.

*9_* 삼첨과 육삭[8]을 범하고 있다.

*10_* 간문(눈옆) 부위가 깊고 낮다.

*11_* 어미 부위에 주름이 깊다.

*12_* 어미 부위에 주름이 한 줄 있으면 한 명의 처가 있다.

---

[8] 삼첨(三尖)은 콧대, 아래턱, 이마 부위가 뾰족하며 좁고 작은 것을 가리키고, 육삭(六削)은 육부(六府)가 허약하고 얇은 것을 가리킨다.

## 7)여자 72가지 천한 상

여인에게는 72가지 천한 상이 있으며, 그중에서 하나라도 범하게 되면 반드시 사사로운 음탕함이 있다.

*1* _ 양쪽 눈의 눈빛이 희미하고 흐리멍덩하다.

*2* _ 얼굴에 도화색(복숭아꽃)이 나타나 있다.

*3* _ 피부가 밀가루처럼 희다.

*4* _ 혈색이 화사하지 않고 흐리다.

*5* _ 살결이 솜과 같이 부드럽다.

*6* _ 피부가 기름과 같이 매끄럽다.

*7* _ 얼굴에 반점이 많다.

*8* _ 눈 모서리가 아래로 낮게 늘어져 있다.

*9* _ 말도 하기 전에 먼저 웃는다.

*10* _ 손과 머리를 좌우로 흔든다.

*11* _ 얼굴의 양쪽 뺨이 깎이듯 마르고 움푹 들어가 있다.

*12* _ 얼굴 양쪽 관골(광대뼈)이 움푹 들어가 있다.

*13* _ 얼굴의 살집이 쌓여 있고 들떠있다.

*14* _ 눈이 드러나 있고 흰색이 빛난다.

*15* _ 입술을 자주 꿈틀거리며 움직인다.

*16* _ 입꼬리에 주름살이 있다.

*17* _ 거위나 오리처럼 걷는다.

*18* _ 곁눈질을 하고 머리는 아래로 늘어져 있다.

*19* _ 사시이거나 훔쳐본다.

*20* _ 항시 혼잣말을 한다.

*21* _ 궁둥이 꼬리가 볼록하고 가슴이 높다.

*22* _ 어깨가 마르고 허리가 가늘다

23_배꼽이 아래쪽에 있으면서 볼록하다.

24_젖꼭지가 아래를 향하고 있다.

25_피부에 사포처럼 주름이 나 있다.

26_얼굴은 크고 코는 작다.

27_이마는 뾰족하며 다리를 흔든다.

28_치아가 옥과 같이 희다.

29_입술이 희며 두텁지 않다.

30_입술이 청대와 같이 푸르다.

31_한 걸음을 걷고 3번을 흔든다.

32_말을 하면서 자주 끊어진다.

33_말이 우는 것과 같이 웃는다.

34_말을 함부로 난잡하게 한다.

35_미리는 큰데 머리카락은 없다.

36_다리가 학의 다리와 같이 가늘고 허리도 벌레처럼 매우 가늘다.

37_참새의 걸음걸이처럼 걷는다.

38_말을 할 때 자주 더듬는다.

39_궁둥이가 볼록 나오고 뺨이 움푹 들어가 있다.

40_사람을 만나면 얼굴을 감싸고 가린다.

41_버드나무가 바람에 날리는 것 같이 몸이 가늘고 휘청댄다.

42_음부에 털이 없다.

43_노루 머리와 쥐의 귀를 하고 있다.

44_머리를 움츠리고 혀를 내밀면서 놀란 모습을 한다.

45_뺨을 손으로 받치고 손가락을 깨문다.

46_음모가 잡초처럼 난잡하다.

47_얼굴이 길고 눈동자가 둥글다

*48 _* 이를 쑤시면서 옷을 만진다.

*49 _* 별일도 없는데 한숨을 쉬며 허리를 내밀면서 기지개를 켠다.

*50 _* 음부가 밝고 빛이 난다.

*51 _* 머리는 아래로 향하여 땅을 보고 걷는다.

*52 _* 길을 걸으면서 자주 머리를 돌려 뒤를 돌아본다.

*53 _* 앉아 있어도 불안하고 진득하지 않다.

*54 _* 다리에 털이 많이 나 있다.

*55 _* 혀가 뾰족하고 입술이 위로 치켜 올라가 있다.

*56 _* 행동거지가 미련하고 우유부단하다.

*57 _* 서 있는 자세가 바르지 않고 기울어져 있다.

*58 _* 이마는 넓고 빈모는 깊고 짙다.

*59 _* 쥐의 이빨과 귀신의 이를 가지고 있다.

*60 _* 마음속에 품은 정이 자주 변한다.

*61 _* 말이 발굽을 바꾸는 것과 같이 행동한다.

*62 _* 키는 크고 목은 짧다.

*63 _* 콧구멍이 하늘을 향해 쳐다보고 있다.

*64 _* 눈은 감겨있고 눈썹은 험하다.

*65 _* 뱀처럼 걷고 쥐처럼 먹는다.

*66 _* 어깨는 여위고 목은 가늘다.

*67 _* 손가락은 짧고 허리는 삐뚤어져 있다.

*68 _* 음식을 절제하지 못한다.

*69 _* 일이 없는데도 깜짝깜짝 놀란다.

*70 _* 머리가 한쪽으로 기울고 이마는 좁다.

*71 _* 등은 움푹 들어가고 배는 작다.

*72 _* 꿈속에서 소리를 내면서 운다.

## 8)여자 형벌, 상해를 입히는 36가지 상

*1 _* 머리카락이 황색을 띠고 있으며 곱슬머리이다.

*2_* 눈동자가 적색이나 황색을 띠고 있다.

*3_* 얼굴에서 유독 우뚝 솟은 관골(광대뼈)만 보인다.

*4_* 이마에 나선형의 머리카락이 있다.

*5_* 이마는 높고 얼굴은 움푹 들어가 있다.

*6_* 이마에 주름과 흉터가 있다.

*7_* 인당(눈썹사이) 부위에 매달린 바늘과 같은 주름이 한 줄 있다.

*8_* 젊은 나이에 머리카락이 빠져 있다.

*9_* 뼈가 단단하고 피부가 팽팽하다.

*10 _* 얼굴은 길고 입은 크다.

*11 _* 얼굴은 마르고 푸른 힘줄이 밖으로 드러나 있다.

*12 _* 얼굴이 삼각형이다.

*13 _* 귀가 뒤집혀 있고 이륜(귓바퀴)이 없다.

*14 _* 얼굴은 뾰족하고 허리는 좁다.

*15 _* 얼굴에 진흙처럼 막힌 기운이 있다.

*16 _* 산근(콧등)부위가 낮고 움푹 들어가 있다.

*17 _* 지각(턱) 부위가 기울고 삐뚤어져 있다.

*18 _* 목에 뼈마디가 밖으로 드러나 있다.

*19 _* 목소리가 천둥소리처럼 크다.

*20_* 성질이 불처럼 급하다.

*21 _* 안색이 탁하고 숨소리가 거칠다.

*22_* 천정(이마)부위는 넓고 지각 부위는 뾰족하고 작다.

*23 _* 얼굴에 밀가루처럼 흰색의 기운이 있다.

*24* _ 년상(콧등)과 수상(콧대) 부위에 마디가 나 있다.

*25* _ 살집이 얼음과 같이 차다

*26* _ 골격이 거칠고 튼튼하며 손이 크다.

*27* _ 어깨와 등 부위가 바르지 않고 기울어져 있다.

*28* _ 눈은 크고 눈동자는 둥글다.

*29* _ 울대뼈(목젖)가 툭 튀어나오고 치아가 크다.

*30* _ 머리카락이 뻣뻣하고 뼈대가 단단하다.

*31* _ 밤에 잠을 잘 때 코를 심하게 곤다.

*32* _ 입이 불을 뿜어내듯 뾰족하다.

*33* _ 콧 속에 털이 나 있다.

*34* _ 턱뼈가 솟아 나오고 뺨 부위가 튀어나와 있다.

*35* _ 명문(눈과 귀 사이) 부위의 뼈가 높게 솟아있다.

*36* _ 얼굴은 돌비늘과 같고, 얼굴색은 밀가루처럼 희다.

## 9)여자 고독한 상 24가지

여인에게는 24개 항목의 고독한 상이 있으며, 만약 이 중에서 하나라도 해당한다면 남편과 자식을 말하기가 어려우며, 평생 고생을 하며 가난하게 지낸다.

*1* _ 눈썹이 서지 않는다. 눈썹이 서 있지 않으면 아들을 낳지 못한다.

*2* _ 깨지고 흐트러져서 울림이 없는 목소리를 낸다.

*3* _ 30세 전에야 몸의 변화가 일어난다.

*4* _ 양쪽 눈이 깊고 움푹 들어가 있다.

*5* _ 코가 움푹 들어가 있고 콧대는 낮다.

*6* _ 불을 뿜어내는 뇌공(천둥번개의 신)의 입 모양과 같이 매우 뾰족하다.

*7* _ 배꼽이 작고 얕으며 볼록하게 나와 있다.

*8* _ 다리뼈와 팔뼈의 관절이 드러나 있다.

*9* _ 머리카락의 길이가 1척도 되지 않는다.

*10* _ 허리둘레가 3위(1위=팔길이) 정도로 크다.

*11* _ 젖꼭지가 볼록하게 일어서 있지 않다.

*12* _ 살집이 느슨하고 들떠있으며 혈기는 막혀있다.

*13* _ 살집이 진흙처럼 투박하고 무겁다.

*14* _ 얼굴에 혈색이 막혀있다.

*15* _ 피부는 얇고 골격은 가늘다.

*16* _ 살은 많이 찌고 골격은 작다.

*17* _ 삼양(왼쪽 눈) 부위가 연필과 같이 검푸른 색을 띠고 있다.

*18* _ 배가 작고 궁둥이도 작다.

*19* _ 얼굴은 뾰족하고 귀는 작다.

*20* _ 관골(광대뼈)은 있는데 뺨은 낮고 푹 들어가 있다.

*21* _ 지각(턱) 부위는 크고 천정(이마)부위는 작다.

*22_* 형체가 남자와 비슷하다.

*23_* 입술은 희고 혀는 푸르다.

*24_* 생김새가 여자도 아니고 남자도 아니다.


## 10) 여자 어진상 7가지

여인에게는 7가지의 어진 상이 있는데, 요컨대 남편이 밝고 자식이 빼어난 상이다.


*1_* 걷는 모습이 두루 단정하다.

*2_* 얼굴은 둥글고 몸은 두텁고 풍만하다.

*3_* 오관이 모두 반듯하다.

*4_* 삼정(상정,중정,하정)이 모두 균등하게 나누어져 있다.

*5_* 용모가 엄격하고 정연하다.

*6_* 말이 많지 않다.

*7_* 앉은 자세가 모두 바르다.

## 11.)여자 요절 또는 장수하는 상

여인에게 있는 장수하는 상과 단명하는 상은 서로가 다르다.


*1*_남자는 신기(神氣)를 위주로 하며, 여자는 혈기(血氣)를 위주로 한다.

*2*_남자는 신기가 쇠약하면 병이 많고, 왕성하면 병이 적다.

*3*_여인이 피부가 엷고 두피가 팽팽하며, 몸이 뾰족하고 깎여있으며, 혈
기가 쇠약하고 호흡이 짧으며, 정신이 혼탁한 상을 가지고 있다면 장
수할 수 없다.

*4*_여인이 정신이 넉넉하고, 혈기가 충분하며 피부가 두텁고, 두피가 느
슨하며, 살집이 두툼하고, 골격이 바르면 자연히 복을 누리고 장수하
는 부인의 상이다.

*5*_<시>에 다음과 같이 이르고 있다. "여인은 혈기가 쇠약하고 피부가 팽
팽하면 생명을 온전하게 하기가 어려우며, 피부가 엷고 여위고 메마
르면 수명이 길지 않다. 만약 여인이 피부가 느슨할 뿐만 아니라 혈기
가 왕성하면 소나무와 대나무처럼 목숨이 덧붙여지는 것을 믿어라.

팔학당 八學堂

사학당四學堂

## 🔖 참고문헌

『麻衣相法』
국회도서관 등록번호 134546

『柳莊相法』
국립중앙도서관 등록번호 54956

2013년도 석사학위 논문 『마의관상』과 『유장상법의 기색비교연구
경기대학교 문화예술대학원 동양철학과 – 박기영

『관상』
나들목 출판사 – 김현남 편저

『유장상법』
삼화 출판사 – 원충절 지음 / 이건일 옮김

완역 『마의 상법』
양원문화사 – 진희 저 / 최인영 편역

『유장상법』
양원문화사 – 원충절 원저 / 신기원 감수 / 김용남 역주

『내관상 내가 본다』
한세 출판사 – 신기원 지음

『基礎からわかる人相学の完全独習』
日本文芸社 – 黒川兼弘 著

『日本で一番わかりやすい人相診断の本』
PHP研究所 – 宮沢 みち 著

『顔による診断と治療―健康のための人相学』
東洋書院 – 樫尾 太郎 著

『人相学大全―人相学の百科事典』
新人物往来社 – 石本 有孚 著

『ツキを呼ぶ顔 逃がす顔』
実業之日本社– 城本 芳弘 著